KB211062

패러다임 쉬프트
Paradigm Shift

패러다임 쉬프트
Paradigm Shift

최용준 지음

아침향기

서 문

 '변해야 산다'. 기업들이 많이 외치는 구호입니다. 기존의 틀을 과감히 깨트리고 끊임없는 내적 개혁과 갱신이 없으면 국제 경쟁에서 도태될 수 밖에 없기 때문일 것입니다. 이것은 단지 기업에만 해당되는 말은 아니라고 생각합니다. 우리도 기존의 틀에 안주하기 시작하면 자신도 모르는 사이에 생각이 굳어져 새롭고 창조적인 아이디어가 잘 나오지 않게 됩니다. 이러한 틀을 깨뜨리기 위해서는 과감한 결단이 필요합니다. 이는 마치 토마스 쿤이 과학도 그러한 과정을 통해 비약적 발전을 한다고 말한 것과 비슷하다고 볼 수 있겠습니다. 이것은 개인 뿐만 아니라 단체에도 적용됩니다. 심지어 교회에도 이러한 갱신이 없으면 결국 쇠퇴하고 마는 것을 봅니다. 예수님께서 바리새인들의 위선을 강하게 질타하면서 '새 포도주는 새 부대에 넣어야 한다' 고 강조하신 것도 (마태복음 9:27;

마가복음 2:22; 누가복음 5:37-38) 그들의 굳어버린 율법주의가 오히려 복음의 장애물이 되었기 때문일 것입니다.

성경은 우리에게 계속해서 여러 사건들을 통해 이러한 패러다임 쉬프트를 보여줍니다. 우리의 생각과 고정관념을 깨뜨리는 성령의 역사를 우리는 볼 수 있습니다. 베드로에게 이방인 선교의 비전이 열린 경우나, 마게도니아인의 환상을 보고 바울이 선교의 방향을 바꾸는 등의 사건들은 우리의 삶에 끊임없이 패러다임 쉬프트가 필요함을 보여주고 있습니다.

본서는 제가 지난 3년간 기회 있을 때마다 발표했던 칼럼들을 모은 것입니다. 이러한 문제 의식을 가지고 다양한 경험을 통해 체득한 영적 통찰들을 나름대로 엮어 보았습니다. 첫번째로는 '책임 의식'이라는 주제로 글들을 모아 보았습니다. 진정한 변혁(transformation)은 하나님 앞에서 우리의 삶에 대해 책임져야 한다는 의식이 없으면 불가능하기 때문입니다. 두번째로는 '패러다임 쉬프트'라는 중심 주제인데 우리의 생각과 삶의 틀을 한번 흔들어 새롭게 바꿔볼 필요가 있다고 생각되는 내용들을 정리해본 것들입니다. 세번째는 하나님 나라의 비전으로 세상을 어떻게 변화시킬 것인가에 대해 반성해 본 글들입니다. 제가 섬기는 한동대학교의 모토가 'Why not change the world?'인데 이러한 비전을 실천한

몇 예들을 소개해 보았습니다. 마지막으로 열방을 향한 비전에 관한 글들을 모아 보았습니다. 바라기는 이러한 작은 글들이 글로벌 시대를 살아가는 그리스도인들에게 조금이나마 도움이 되어 하늘 나라의 샬롬을 나누며 세상을 변혁시키는 계기가 되길 바랍니다.

2015년 2월, 한동대 캠퍼스에서 저자

목차

✪ 제3부 : 세상을 바꾼다 Why not change the world?

✪ 제4부 : 열방을 향한 비전 Vision for the Nations

PART 01

책임 의식

Sense of Responsibility

지도자의 책임 의식
Leader's Sense of Responsibility

　몇 년전 독일의 개신교회 전체가 충격에 사로잡힌 때가 있었습니다. 그것은 다름아닌 국가 교회(EKD: Evangelische Kirche Deutschland)의 총회장으로 그것도 최초의 여성 총회장으로 선출되어 장래가 촉망받던 분(Margot Kaessmann 마르곳 케제만, 다음 페이지)이 얼마 지나지 않아 스스로 사퇴했기 때문입니다. 그 이유는 다음과 같습니다. 이 분이 어느 날 저녁 늦게까지 파티에 참가하여 포도주를 마시고 귀가하다가 그만 빨간 신호등을 무시하고 지나가다가 마침 그곳에 있던 경찰에 적발되어 음주 측정을 하게 되었는데 알콜 농도가 허용치를 넘어 음주 운전에 걸린 것입니다. 결국 이 신임

http://upload.wikimedia.org/wikipedi
a/commons/thumb/f/f5/Kaessmann
_retouched.jpg/340px-Kaessm
ann_retouched.jpg

총회장은 당일 경찰서로 가서 조사를 받았고 신분이 밝혀지면서 다음 날 이 스캔들이 언론에 폭로되자 즉시 총회장직을 사퇴한 것입니다.

나아가 미국의 닉슨 게이트와 같이 독일 대통령도 임기를 채우지 못하고 사퇴한 적이 있습니다. 현재 가욱(Gauck) 대통령과 함께 당시 홀스트 쾰러(Horst Koeller) 대통령의 후임으로 경합을 벌이던 크리스치안 불프(Christian Wulff, 16페이지 사진) 대통령이 니더작센 주지사 시절 주택 구입을 위해 특혜성 저리의 사채를 쓴 사실이 드러나자, 이와 관련된 보도를 막으려고 언론사에 개인적으로 전화하여 압력을 행사한 사실까지 보도되면서 여론이 악화되었고 결국 책임을 지고 사퇴한 것입니다.

또한 39세라는 약관의 나이에 독일의 기술경제부 장관을 거쳐 국방 장관을 지내면서 독일의 차세대 리더로 촉망받던 젊은 정치인 구텐베르그(Karl-Theodor zu Guttenberg)씨도 자신이 바이로이트 대학 박사 학위 논문이 표절시비에 휘말리자 처음에는 완강하게 사임을 거부하다가 지식인들의 압력에 마침내 굴복하여 사임했으며 나중에는 하원의원직도 내려 놓았습니다. 또한 최근에는 교육부 장관이면서 앙겔라 메르켈 수상의 가장 든든한 정치적 동료였던 아네테 샤반(Annette Schavan)도 뒤셀도르프 대학에서 받은 박사 학위 논문이 표절로 밝혀 지면서 결국 사임하였습니다.

지난 몇 년간 한국 정부의 고위 공직자들이 검증을 받는 모습을 보면서 자신에 관한 의혹이 드러나는 과정에서도 책임을 지려는 자세보다는 그 순간만 넘기면 된다는 식의 변명을 늘어놓다가 결국 불명예스러운 모습으로 낙마하는 상황을 안타깝게 바라보았습니다. 이것은 결국 요행을 바라는 샤머니즘적인 세계관이 그대로 우리 가운데 남아 있다는 반증이라고 생각합니다.

심지어 이러한 모습이 교회에도 나타나는 것 같아 더욱 염려스럽습니다. 스캔들을 일으킨 목회자가 진정한 참회의 모습을 보이지 않기에 한국 개신교의 위상은 더욱 추락하고 있습니다. 필자가 벨기에에서 사역할 때 가톨릭 성직자의 스캔들이 드러나면서 한 천주교 성도의 편지가 언론에 공개되어

큰 충격을 주었던 적이 있습니다. 교회 지도자들의 타락한 모
습에 실망하여 그 분이 가톨릭 교회에서 영세받은 것을 취소
하는(debaptize) 신청서를 내었다는 것입니다.

　한 단체의 지도자가 된다는 것은 하나님 앞과 사람 앞에서
큰 책임 의식을 가져야 함을 전제로 합니다. 그리고 어떤 문제
나 자신의 부족한 부분이 드러났을 경우 깨끗하게 책임을 지
는 모습을 보여 주어야 할 것입니다. 누구든 실수할 수 있습니
다. 문제는 그 실수에 대한 우리의 자세일 것입니다. 사도 바
울은 하나님 앞에서 그리고 사람 앞에서 양심에 부끄럽지 않
는 삶을 살도록 노력한다고 고백했습니다(고린도후서 4:2).
야고보 사도의 경고처럼 선생된 우리들이 더 큰 심판을 받을

것을 진정 두려워할 때(야고보서 3:1) 더 존경받고 귀하게 사용될 수 있을 것입니다.

2장

책임지는 비지니스

Responsible Business

몇 년전 저는 출장차 네덜란드 암스테르담으로 가는 KLM
비행기에 탑승하였습니다. KLM은 Koninklijke Luchtvaart
Maatschappij의 약자로 왕립 항공사라는 의미입니다. 1919년
에 설립된 세계 항공사 중 가장 역사가 오래된 회사로서 당시
네덜란드 여왕 빌헬미나가 회사명에 로얄이란 단어를 붙이는
것을 승인하여 이 이름이 지금까지 사용되고 있으며 영문명
은 Royal Dutch Airlines입니다. 1966년에 일본을 경유하여 대
한민국에도 최초의 국제선 노선을 취항했으며 2004년 에어
프랑스가 KLM을 인수하여 현재는 Air France-KLM의 자회사
입니다.

저는 기내 스크린을 통해 KLM이 사회적 책임을 어떻게 감당하려고 노력하는가에 관심을 가지고 보았습니다. 특별히 Air France-KLM은 다우 존스 지속가능성 지수(Dow Jones Sustainability Index)에서 여행-여가(Travel & Leisure) 부문에서 4번 연속 1위를 차지했으며 항공분야(Air Transport)에서는 8년 연속으로 1위를 지켰기 때문입니다. 이러한 높은 점수를 받은 이유 중 하나는 지난 2011년부터 KLM이 식용유를 재활용한 바이오연료를 사용하여 암스테르담-파리 구간을 200회나 운항하였으며 작년인 2012년 6월 19일에는 세계 최초로 지속가능한 바이오연료를 일부 사용하여 리오 데 자네이로까지 비행하는 대서양 횡단에 성공했기 때문이라고 합니다. 기타 암스테르담 자유대학교 의과대학과 협력하여 케냐 같은 개발도상국에 의료적인 지원을 하는 Doctor2Doctor 프로그램 등 다양한 사업을 펼치고 있는 모습을 보면서 깊은 인상을 받았습니다. (자세한 내용은www.klmtakescare.com 참고) 이러한 활동을 '책임지는 비지니스(Responsible Business)' 라고 부르며 최근 이와 관련된 책들도 많이 출판되고 있습니다.

회사뿐만 아니라 우리 개인 각자도 하나님 앞에서 책임지는 삶을 살아야 한다고 성경은 우리에게 말씀합니다. 책임(responsibility)이라는 단어는 '응답' (response)이라는 단어와

'가능성'(ability)이라는 단어의 합성어입니다. 그런데 이 단어의 독일어는 Verantwortlichkeit이고 네덜란드어는 verantwoordelijkheid로서 그 핵심은 사실 각각 Wort와 woord인 것을 알 수 있습니다. 성경은 이것을 궁극적으로 하나님의 말씀(Word, Wort, woord)에 대한 우리의 응답(Response, Antwort, antwoord)으로 봅니다. 즉 우리의 모든 삶은 사실상 우리를 하나님의 형상으로 지으시고 어떻게 살아야 함을 말씀하신 그 주님의 말씀(창세기 1:26-28)에 대한 응답인 것입니다. 나아가 우리는 이 모든 응답에 대해 책임져야 합니다. 이 '책임진다'는 동사의 독일어는 'Verantworten'이고 네덜란드어도 'verantwoorden'입니다. 결국 우리는 하나님 앞에 응답하지 않을 수 없는 존재임을 알 수 있습니다. (We cannot not respond.) 그리고 그 모든 응답에 대해 책임을 물으시는 것이 바로 하나님의 심판일 것입니다. 이러한 관점에서 쓴 책이 바로 저의 '응답하는 인간'(서울: SFC, 2008)입니다.

마태복음 25장에 나오는 달란트 비유는 개인에게도 해당되지만 공동체 내지 회사에게도 적용될 수 있겠습니다. 나 자신의 삶도 이 세상에서 하나님 앞과 사람 앞에서 양심에 부끄럽지 않고 책임지는 삶을 살아야 할 뿐 아니라 내가 속한 공동체

와 회사 또한 지속가능한 발전을 도모하는 성숙한 책임의식
을 갖추도록 노력할 때 진정 이 세상에서 하나님 나라의 샬롬
을 실현하는 '축복의 통로'가 될 수 있을 것입니다.

칼빈주의와 기업가정신
Calvinism and Entrepreneurship

지난 2013년 여름 한달 동안 저는 미국 미시간의 칼빈 대학 (Calvin College, 25페이지 사진) 내에 있는 헨리 미터 칼빈 연구소(H. Henry Meeter Center for Calvin Studies)에서 리서치 할 수 있는 기회를 얻었습니다. 거기서 연구한 주제는 '칼빈주의와 네덜란드의 기업가정신(entrepreneurship)'에 관한 것입니다. 여러 자료를 열람하고 다양한 분들을 만나 대화하면서 많은 것들을 배울 수 있었습니다. 칼빈주의는 종교개혁자 칼빈의 하나님 주권 사상을 삶의 전 영역으로 확대하여 모든 분야에서 우리가 그 분의 영광을 위해 책임 의식을 가진 청지기적 삶을 살아야 함을 강조합니다.

이러한 칼빈주의가 가장 꽃피운 나라는 무엇보다도 네덜란드라고 할 수 있습니다. 비록 칼빈이 한번도 방문하지 못했지만 그의 사상은 16세기 스페인의 가톨릭적 전제 정치에 대항하여 독립을 쟁취하는 데 결정적인 역할을 했으며 주변의 모든 나라들이 왕정을 시행할 때에도 최초로 공화정을 채택하여 17세기에는 세계의 무역을 장악하여 경제, 문화, 학문 등 모든 면에서 황금 시대(Golden Age)를 구가하였던 것입니다.

19세기 이후 많은 네덜란드인들이 신앙적 및 경제적인 이유로 북미주에 이주하여 정착하게 되었는데 그 중에 가장 많이 살고 있는 지역이 바로 미시간 주입니다. 필자가 머무는 동안 동부 미시간은 미국 자동차의 메카였던 디트로이트 도시가 파산할 정도로 경제가 매우 어려웠지만 서부 지역은 네덜란드계 미국인들이 그동안 열심히 그리고 성실하게 일하여 세계적인 기업들을 일구었습니다. 가령, 암웨이(Amway), 헤르만 밀러(Herman Miller), 마이어(Meijer) 수퍼마켓 체인, 스틸케이스 등이 있으며 미시간 호수가의 작은 도시 홀랜드는 미국에서 가장 살기 좋은 도시 중 하나로 선정되기도 했습니다.

이 지역에서 대표적인 기독 기업가 중 한 분이었던 제이 반 안델(Jay Van Andel) 회장이 남긴 자서전 (*An Enterprising Life: An Autobiography*, (New York: Harper Collins, 1998),

20페이지)에 보면 이렇게 고백합니다. "칼빈주의적 유산으로 저는 저의 일을 소명으로 알고 했습니다. 소득 수준, 교육 또는 가정 배경이 어떠하든 간에 우리는 우리의 직장에서 하나님께 영광돌리기 위한 능력이 있다는 점에서 평등합니다." 그는 미국 상공회의소 회장을 지내면서 그가 일한 그랜드 래피즈 도시를 위해 여러 공익 사업들(박물관, 반 안델 아레나, 연구소 등)을 위해 거액을 희사했습니다.

반면 지난 2013년 여름 한국에는 CJ 그룹 회장의 탈세 및 횡령, 전두환 전대통령의 추징금 환수 등으로 재정적인 부패가 끊이지 않았습니다. 비록 한국 경제가 지난 50년간 급속히 성장했고 이와 동시에 한국 교회도 동반 성장하였지만 이러한 성경적 세계관과 직업 윤리가 뿌리내리지 못한 것은 결국 우리의 책임이며 회개의 제목일 것입니다. 앞으로 그리스도인들이 하나님 앞에서 바른 직업적 소명의식을 가지고 더욱 정직하고 성실하게 일하며 검소하게 살면서 어려운 이웃을 섬기고, 기독 기업가들이 창의적이고 최선을 다해 노력함으로 경제 발전에도 공헌할 뿐만 아니라 우리 지역 공동체와 인류 사회에 대해 책임 의식을 가진 '착하고 충성된 청지기'로 공헌함으로(마태복음 25장) 이 세상에서 하나님 나라의 샬롬을 실현하는 '축복의 통로'가 될 수 있기를 바랍니다.

http://upload.wikimedia.org/wikipedia/commons/thumb/3/37/Calvin_College_Ch
apel.JPG/600px-Calvin_College_Chapel.JPG

4장

세월호의 침몰이 주는 교훈
Lessons of Sewol Ship's Sinking

지난 2014년 4월 16일 476명을 태우고 인천에서 제주로 항해하다 진도해상에서 침몰한 세월호 사건은 2년전인 2012년 1월 13일 4200여 명을 태우고 지중해를 여행하던 호화 유람선 코스타 콩코르디아호가 이탈리아 북서 해변 토스카나 제도의 질리오 섬 인근에서 암초에 부딪혀 좌초되면서 침몰한 사건 (29페이지 사진)을 다시금 상기시켜 줍니다. 하지만 두 사건의 피해는 어마어마하게 차이가 납니다. 콩코르디아호 침몰 사건에는 11명이 사망했고 20여명이 실종되었으나 세월호는 실종자 전원이 사망하는 초대형 참사였습니다.

마치 현대판 타이타닉호 사건을 연상시키는 이 참사에 대해 사고 경위를 조사하면서 결국 두 사건 모두 궁극적인 책임은 선장의 무책임한 실수였음이 드러났습니다. 콩코르디아호의 경우 선장이 휴가를 떠나지 못한 승무원의 기분을 풀어주기 위해 이 승무원의 고향인 질리오섬 해안 가까이 접근하는 위험한 항로를 택하여 사고를 유발했으며 세월호 선장 또한 구조할 수 있는 황금시간을 다 놓치고 승객들을 내버려둔 채 제일먼저 구조되었다는 것입니다. 이 무책임한 선장 한 사람 때문에 귀중한 생명을 잃은 승무원들과 승객들만 어처구니 없이 희생양이 되고 만 것입니다.

이 사건을 보며 우리는 '리더'가 얼마나 중요한지 다시금 깨닫게 됩니다. 한 배를 타고 있다는 것은 운명 공동체라고 할 수 있는데 온 천하와도 바꿀 수 없는 수많은 귀한 인명과 그 큰 배를 운항하는 선장의 무책임한 언행은 모든 사람들의 비난과 분노의 대상이 되기에 마땅합니다. 하지만 이러한 비극 가운데서도 학생들을 한 명이라도 더 구조하기 위해 자기 생명을 포기한 분들의 안타까운 소식은 우리 모두의 마음을 숙연하게 합니다.

한 가정과 교회, 회사와 국가의 지도자가 누구냐에 따라 그 공동체의 궁극적 방향과 운명이 결정됩니다. 지난 부활 주일, 연합 예배에 참석하였을 때 어느 분이 대표 기도를 하면서 이 세월호는 한국 교회를 상징한다고 하면서 회개하시는 것을 들으며 깊이 공감했습니다. 어느 신문에서 이 세월호가 한국 사회의 모습을 보여준다고 보도했을 때 공감하지 않을 수 없었습니다.

반면에 우리 주님은 하나님 나라 백성들을 이 땅에서 그 분의 나라로 안전하게 인도해 주시는 가장 신뢰할 수 있는 선장이십니다. 삯꾼은 목자가 아니요, 양들도 자기의 것이 아니므로, 이리가 오는 것을 보면, 양들을 버리고 달아납니다. 그러면 이리가 양들을 물어가고, 양떼를 흩어 버립니다. 그는 삯꾼이어서, 양들을 생각하지 않기 때문입니다. 그러나 우리 주님은 선한 목자이시며 자기 양들을 아시고, 그 양들도 주님을 압니다. 그것은 마치, 아버지께서 예수님을 아시고, 예수님께서 아버지를 아는 것과 같습니다. 주님은 우리들을 위하여 목숨을 버리시면서 그 구원의 방주에 타고 있는 모든 생명들을 구원해 주시는 분입니다. (요한복음 10:12-15) 주님께서 우리 삶의 키를 잡고 계시는 한 어떤 폭풍과 암초도 우리를 해치지 못할 것입니다. 그 분 앞에서 풍랑은 잠잠해지고 암초도 제거되어 마침내 그 소망의 항구에 이르게 될 것입니다. (시편 107:30) 슬픔을 당한 모든 가족들을 부활이요 생명이신 주님께서 위로해 주시고 소망으로 치유해 주셔서 우리 자신과 한

http://upload.wikimedia.org/wikipedia/commons/thumb/5/5a/Costa_Concordia_3
.jpg/800px-Costa_Concordia_3.jpg

국 교회 그리고 한국 사회가 거듭나는 진정한 계기가 되길 간
구합니다.

5장

과거를 잊지 않는 독일
Germany Remembers the Past

어느 날 독일의 한 도시에서 길을 걷다가 우연히 보도 블록에 이상하게 새겨진 글이 있어 유심히 보게 되었습니다. (사진 1) 그것을 좀더 자세히 보면서 이것이 바로 당시에 이곳에 살던 유대인들이나 다른 사람들 중 2차 대전에 강제노동수용소에 끌려가 죽은 사람들에 관한 내용임을 알게 되었습니다. (33페이지 사진 2) 그 내용을 보면 그 사람의 이름과 생일 그리고 나중에 어디서 어떻게 희생되었는지 간략히 새겨 놓았습니다.

독일은 과거에 잘못한 것을 잊지 않기 위해 여러 도시에 추모 공원을 세우고 유대인 박물관도 건립했습니다. 하지만 동시에 일반 시민들이 걸어 다니는 곳에 이런 작은 금속 사각형을 박아 놓고 아무도 이것을 제거할 수 없도록 법으로 규정하고 있습니다. 이것을 독일어로는 'Stolperstein(슈톨퍼슈타인)'이라고 하는데 이것은 곧 성경에 나오는 '걸려 넘어지게 하는 거친 돌(stumbling block)'이라는 뜻입니다. (마태복음 16:23; 로마서 11:9; 14:13; 고린도전서 1:23; 8:9) 홀로코스트 (Holocaust: 그리스어로 '번제'라는 의미임) 이전부터 독일에는 길을 걷다가 돌에 부딪혀 넘어지거나 하면 "여기에 유대인이 묻혀 있나 보군"이라고 말하는 것이 하나의 관습이 되었다고 합니다.

이 기념석은 독일의 예술가인 군터 뎀니히(Gunter Demnig : 1947-)라는 분에 의해 만들어 졌는데 바로 홀로코스트(원래 그리스어로 번제로 드려진 희생물을 뜻함) 희생자들을 기억하기 위함입니다. 이것은 조약돌 정도의 크기(10cm×10cm)이며 나찌에 의해 희생된 모든 개인을 의미하며 돌아가신 분들뿐만 아니라 생존하셨던 분들도 포함합니다. 나찌에 의해 감옥에 갔거나, 안락사를 당했거나, 의료 실험 대상이 되었거나, 강제노동수용소에 갔거나 가스실에서 희생당한 분들 그리고 박해를 피해 해외로 도피했거나 심지어 스스로 생명을 포기한 분들도 포함하고 있습니다.

뎀니히는 1992년 나찌에 의해 희생된 집시들을 기념하는 50주년 행사에 처음으로 이 돌을 새겨 쾰른의 시청 앞에 박아 넣으면서 이 프로젝트를 시작하게 되었습니다. 이 돌은 강제로 삶의 터전을 박탈당한 분들이 이전에 살거나 일하던 곳으로 다시 돌아오는 상징적 의미도 지니고 있습니다. 거의 대부분이 홀로코스트의 희생자들인 유대인들이지만 기타 나찌에 저항했던 그리스도인들(가톨릭과 개신교), 집시들, 동성애자들, 여호와의 증인들, 흑인들, 공산당원들, 레지스탕스 당원들, 탈영병들 그리고 정신적으로나 육체적으로 장애가 있던 분들도 포함하고 있습니다. 이 기념석은 물론 독일에 제일 많고 지금도 계속해서 여러 나라로 확산되어 오스트리아, 벨기에, 크로아티아, 체코, 프랑스, 헝가리, 이태리, 룩셈부르그, 네덜란드, 노르웨이, 폴란드, 러시아, 스위스, 우크라이나 등지에 약 4만개가 있는 전세계적으로 가장 큰 기념 프로젝트입니다. (보다 자세한 내용은 www.stolpersteine.eu를 참고하실 수 있습니다.)

과거에 잘못한 역사를 철저히 반성하면서 잊지 않도록 그것을 일상 생활에 하나의 예술품으로 승화한 독일인들의 진정성 있는 자세를 우리는 결코 잊지 말아야 할 것입니다. 동시에 이것은 또한 유대인들에게 거친 돌이었던 예수 그리스도

사진 1

사진 2

를 우리에게 상기시켜 줍니다. 우리의 일상 생활에 우리를 구속하시기 위해 자신을 제물로 드리신 주님의 희생적 사랑을 늘 기억하면서 살아가야 하겠습니다. (히브리서 10:10)

겨울 타이어와 주님의 재림
Winter Tire and the Return of Jesus

　지난 2014년 12월초에 제가 사는 포항지역에 밤사이에 적지 않은 눈이 내렸습니다. 겨울에도 눈이 잘 오지 않는 지역이라 대부분의 자동차들이 겨울 타이어(혹은 스노우 타이어라고도 함)를 장착하지 않아 출근하기가 쉽지 않았습니다. 조그만 언덕이나 내리막에도 미끄러지는 차량들을 쉽게 볼 수 있었으며 여기 저기 사고가 났거나 아예 출근을 포기하고 멈춰있는 자동차들도 볼 수 있었습니다. 다행히 제가 출근하던 길에는 제설차량이 동원되어 무사히 갈 수 있었습니다.

　제가 사역하던 독일은 매년 10월부터 부활절 기간 정도까지 (독일어로는 Von Oktober bis Ostern) 반드시 겨울 타이어로 교환하여야 합니다. (이것을 독일 사람들은 소위 O-bis-O-Regel "이라고 부릅니다.) 그렇지 않고 사고가 나면 보험처리도 어렵고 대부분 본인의 과실로 인정되기 때문입니다. 특히 겨울철, 영상 4도 이하로 떨어지면 자동차에 '눈' 표시가 나타나면서 미끄러지기 쉬우니 운전에 조심하라는 경고 등이 나타납니다.

독일의 경우 겨울 타이어는 일반 타이어 점에 가면 쉽게 바꿀 수 있으며 여름 타이어는 다음 해 교환 시까지 보관해 주는 서비스를 제공합니다. 심지어 어떤 곳에서는 겨울 타이어로 바꾼 후에는 50km를 달린 후 다시 한번 가면 나사를 한번 더 조여 주기도 합니다. 이 겨울 타이어는 홈도 깊고 낮은 온도에도 고무가 탄력성을 유지하므로 겨울철에 연비는 약간 떨어질 수 있으나 미끄러운 노면에서도 매우 안전하게 달릴 수 있습니다. 안전에 최우선을 두는 선진국답게 이렇게 철저히 하니 사고가 많이 줄어드는 것을 볼 수 있습니다.

언젠가 독일에서 초겨울에 예상치 않게 큰 눈이 갑자기 내린 적이 있었습니다. 그 때 저는 다행히 겨울 타이어로 이미 바꾸어 출퇴근하는데 어려움이 없었지만 미처 그렇게 하지 못한 자동차들은 아무리 벤츠나 BMW 고급차량이라도 그 자리에서 빙글 돌며 맥을 추지 못하는 것을 분명히 보면서 저는 그 순간 '주님의 재림' 이 생각났습니다.

생각하지도 못한 때에 주님께서는 마치 '도적' 같이 오시겠다고 말씀하셨습니다. 그러므로 깨어 늘 기도하면서 준비하고 있어야 한다고 강조하셨습니다. 지혜로운 다섯 처녀들은 기름을 준비하여 신랑을 기다렸지만 어리석은 다섯 처녀들은 그렇지 못했습니다. (마태복음 25장 1-13절)

매년 한국에서 겨울을 맞이하면서 이제는 한국도 겨울 타이어를 바꾸는 것이 조금씩 정착되고 있으나 남부 지역에서는 이러한 제도가 없어 한편 걱정도 됩니다. 하지만 주님의 재림은 이보다 더 중요한 사건이므로 우리는 언제나 준비되어 있어야 하겠습니다. 결정적인 순간에 준비되지 않은 모습으로 그 분 앞에 서지 않도록 늘 깨어 책임의식 있는 삶이 되어야 하겠습니다.

"형제자매 여러분, 그 때와 시기를 두고서는 여러분에게 더 쓸 필요가 없겠습니다. 주님의 날이 밤에 도둑처럼 온다는 것을, 여러분은 자세히 알고 있습니다. 사람들이 "평안하다, 안전하다" 하고 말할 그 때에, 아기를 밴 여인에게 해산의 진통이 오는 것과 같이, 갑자기 멸망이 그들에게 닥칠 것이니, 그것을 피하지 못할 것입니다. 그러나 형제자매 여러분, 여러분은 어둠 속에 있지 아니하므로, 그 날이 여러분에게 도둑과 같이 덮치지는 않을 것입니다. 여러분은 모두 빛의 자녀요, 낮의 자녀입니다. 우리는 밤이나 어둠에 속한 사람이 아닙니다. 그러므로 우리는 다른 사람들처럼 잠자지 말고, 깨어 있으며, 정신을 차립시다. 잠자는 자들은 밤에 자고, 술에 취하는 자들도 밤에 취합니다. 그러나 우리는 낮에 속한 사람이므로, 정신을 차리고, 믿음과 사랑을 가슴막이 갑옷으로 입고, 구원의 소망을 투구로 씁시다. 하나님께서는 우리를 진노하심에 이르도록 정하여 놓으신 것이 아니라, 우리 주 예수 그리스도로 말미암아 구원을 얻도록 정하여 놓으셨습니다. 그리스도께서 우리를 위하여 죽으신 것은, 우리가 깨어 있든지 자고 있든지, 그리스도와 함께 살게 하시려는 것입니다."

(데살로니가전서 5장 1-10절)

PART 02

패러다임 쉬프트

Paradigm Shift

왕의 날 자유 시장
King's Day Free Market

매년 4월 30일 네덜란드는 여왕 생일이라는 국경일을 지켜 왔습니다. 만약 4월 30일이 일요일이면 29일이 됩니다. 원래 이 날은 율리아나 여왕의 생일인데 이 때가 비교적 날씨가 좋기 때문에 이날을 지킵니다. 하지만 지난 2013년 4월 30일에 빌름 알렉산더 왕자가 왕위에 오른 후 2014년부터는 여왕의 날이 아닌 왕의 날(Koningsdag or King's Day)로 불리게 되었습니다.

이 날이 최초로 지켜진 것은 1885년 8월 31일 공주의 날 (Prinsessedag or Princess's Day)이라는 이름으로 당시 공주였던 빌헬미나 공주의 다섯 살 생일을 축하하기 위함이었습니다. 당시에는 이 때가 대부분 학교의 여름 방학이 끝나는 날이었기 때문에 어린이들에게 인기가 좋았습니다. 1948년 율리아나 여왕이 등극하자 이 공휴일은 그녀의 생일인 4월 30일로 바뀌었고 그 때 이후 지금까지도 지켜오고 있는 것입니다.

그런데 이 날은 특별히 자유 시장(vrijmarkt, free market)으로 유명합니다. 이 날은 전국적으로 많은 네덜란드 국민들이 부가세를 내지 않고도 자신의 중고품을 자유롭게 내다 팔 수 있기 때문입니다. 네덜란드의 ING 은행은 2011년에 네덜란드 국민 중 다섯 명 중 한 명이 이 날 물건을 팔아 약 100유로를 벌 계획이 있는데 이것을 다 합치면 2억 9천만 유로가 됩니다. 이 날 전 국민의 과반수가 물건을 사기 위해 약 28유로를 소비하는 것으로 추산했습니다. 심지어 베아트릭스 여왕도 지난 1995년에 바닥 램프를 자유 시장에서 구입했다고 알려져 있습니다.[1]

암스테르담에서 가장 유명한 자유 시장은 요르단 구역(Jordaan quarter)이지만 최근 남쪽의 힐튼 호텔 앞에 있는 아폴로란(Apollolaan)도 점점 인기를 끌고 있다고 합니다. 어린이들은 폰델 공원에서 장난감 종류가 의류를 판매하며 행인들은 장난삼아 아이들이 요구하는 금액보다 더 주면서 그 날

---

1) http://en.wikipedia.org/wiki/Koninginnedag#Flea_market

2007년 여왕의 날 네덜란드 암스테르담 폰델 파크의 자유 시장
http://upload.wikimedia.org/wikipedia/commons/thumb/6/6c/Vondelpark_-
_Koninginnedag_2007.jpg/800px-Vondelpark_-_Koninginnedag_2007.jpg

하루를 즐기기도 합니다. 1996년까지 이 자유 시장은 24시간
계속되었습니다. 심지어 위트레흐트(Utrecht)는 심야에도 자
유 시장이 열리기도 하는 유일한 도시입니다.

필자는 거의 10년간 네덜란드에 살면서 많은 생활용품들을
값싸게 이 날 구입할 수 있어 절약하는데 큰 도움이 되었습니
다. 네덜란드 어린이들은 이 날 물건을 사고 팔면서 자연스럽
게 기업가정신(entrepreneurship)을 몸에 익히게 되며 이것이
네덜란드의 국민성인 'Handelsgeest (무역정신, Trading

spirit)'를 키우는 산실이 되었고 결국 17세기 네덜란드가 전 세계 무역을 장악했던 황금시대를 구가한 이후 지금도 국제 무역에서 매우 중요한 위치를 차지하고 있는 이유가 아닐까 생각합니다.

나아가 이러한 자유 시장을 통해 우리는 가진 것을 나눔 (sharing)으로 그 물건이 필요한 사람들을 섬길(serving) 뿐만 아니라 물건들을 아껴쓰는 청지기 정신(stewardship)을 훈련 하면서 환경을 보호하고 가능한 재활용하는 효과도 보고 있 는 것입니다. 이러한 근검 절약 정신은 성경의 문화명령(창세 기 1:28-29; 2:15)과 청지기 명령(마태복음 25장)과 무관하지 않다고 봅니다. 허례 허식이 아직도 많이 남아 있는 우리의 세 계관과 라이프 스타일의 패러다임을 개혁하여 더 어려운 이 웃들과 나눔으로 축복의 통로가 되는 삶을 살아가야 하겠습 니다.

요스티밴드 오케스트라
Jostiband Orchestra

    네덜란드에는 장애인들로만 구성된 유명한 오케스트라가 있습니다. 그 이름은 요스티밴드(Jostiband)입니다. (www. jostiband.nl) 이 오케스트라는 1966년에 정신지체 장애인들로 구성되어 창단되었는데 원래 뉴베인의 요하네스 협회 (Johannes Stichting in Nieuwveen)의 준말인 Jostiband로 그 이름이 붙여졌으며 1974년에 장소를 남부 홀란드주의 즈밤머 담 (Zwammerdam)으로 옮겼습니다. 단원은 처음에 35명으로 단지 취미 클럽으로 시작했으나 지금은 약 200명으로 정신지체 장애우들로 구성된 오케스트라 규모로는 세계 최대이며 지난 45년간 누구도 예상하지 못했던 놀라운 성공 신화를 쓰고 있습니다.

이 오케스트라는 이제 너무나 유명해서 일년 내내 국내외적으로 연주 스케줄이 잡혀있습니다. 수십 명의 각종 장애인들이 깔끔한 연주복을 입고 캐롤송이나 흥겨운 민요나 가스펠송들을 연주합니다. 어떤 뇌성마비 장애인은 트라이앵글만 칩니다. 특히 이 오케스트라에서 트라이앵글 연주자는 가장 탁월하다는 평을 받고 있습니다. 다른 장애인은 악보를 읽기 위해 음표별로 색깔이 다른 스티커를 붙여 연주하기 쉽게 만들어 놓고 자신이 치는 키보드에도 각 음정별로 같은 색깔을 칠해 그 색을 보고 연주합니다. (47페이지 사진) 또 어떤 장애인은 자신의 장애 범위 내에서 할 수 있는 독특한 악기를 따로 개발해서 그것으로 연주를 합니다. 모두가 장애인입니다. 정상인만큼의 능력이 없는 그야말로 disabled people입니다. 그러나 그런 사람들이 수십 명 모여 말로 표현할 수 없는 감동을 주는 화음을 만들어냅니다.

저는 우리가 장애자들을 너무 부정적인 관점에서만 보지 않나 생각합니다. 그들이 할 수 없는 부분에 관심을 두면 낙심하고 절망할 수밖에 없습니다. 그러나 그들에게 아직도 주어진 남은 가능성에 초점을 두는 패러다임 쉬프트를 하면 그것

Jostiband 의 컬러건반
jostiband.nl/afbeeldingen/klinke
nde-kleuren/image_preview

Jostiband 오케스트라의 공연 모습
bijzonderwelkom.nl/uploads/jostiband.gif

으로도 얼마든지 힘을 합쳐 아름다운 예술 작품을 창조할 수 있다는 것입니다. 요스티밴드의 슬로건은 이것입니다: "개개인은 모두 특별하다 (Iedereen is bijzonder. Everyone is special)".

사도 바울도 고린도전서 12:22-27에서 약하고 부족한 지체가 더욱 존귀함을 강조하면서 하나님께서 그리스도의 몸을 고르게 하여 여러 지체가 서로 같이하여 돌아보아 한 지체가 고통을 받으면 모든 지체도 함께 고통을 받고 한 지체가 영광을 얻으면 모든 지체도 함께 즐거워한다고 강조합니다.

하나님 나라, 즉 하나님께서 통치하시는 나라에는 더 이상 이러한 장애가 있을 수 없고 영원한 축복만이 있을 것입니다. 그러므로 우리도 이러한 장애인들에게 복음을 전하고 그들을 섬기는 사역을 계속해나가야 합니다. 이것을 통해 하나님 나라의 복된 소식이 전파되며 하나님 나라가 임하게 될 것입니다.

루붐바시의 소망
Hope of Lubumbashi

지난 2013년 8월 저는 아프리카의 가장 큰 나라인 콩고 민주공화국 두번째 도시인 루붐바시 (Lubumbashi)를 일주일간 방문하였습니다. 몇 달전에 개통된 인천 — 홍콩 경유 아디스 아바바로 운행하는 에티오피아 항공편을 이용하면서 처음에는 이 비행기에 사람들이 얼마나 많이 있을까 의심하였으나 의외로 많은 여행객들이 있음을 보고 놀라지 않을 수 없었습니다. 아디스 아바바 공항에 내리는 순간 공항 규모와 시설에 다시 한번 놀랐는데 그 항공 기내지에 나온 특별 기사를 읽으며 이전 대통령이 20년간 많은 노력을 기울여 이디오피아가 많이 발전하고 있으며 아디스 아바바 공항이 아프리카의 허

브 공항이 되어 가고 있음을 느낄 수 있었습니다.

이어서 다시 잠비아의 은돌라(Ndola)를 경유하여 콩고의 루붐바시로 향하는 비행기도 적지 않은 규모였으며 뒷자석에는 중국인 근로자들이 많이 타고 있다가 은돌라에서 내리는 것을 보고 이 지역 광산 근로자들임을 알 수 있었습니다. 루붐바시도 구리, 코발트 등 지하자원이 풍부하여 광산업이 강한 지역으로 이미 미국, 남아공 및 중국 자본이 진출해 있었고 많은 현지인들이 이 광산 회사에 종사하는 것을 보았습니다. 하지만 일반 서민들의 삶은 처참하기 그지 없었습니다. MAF(Mission Aviation Fellowship) 선교사님들께서 거주하시는 시내 숙소에도 전기가 자주 나갔고 사역지에는 아예 전기가 들어오지 않아 발전기에만 의존해야 했으며 수도에서 물이 나오는 것이 너무 귀했고 비포장도로가 대부분이어서 계속해서 먼지를 뒤집어 써야 하는 등, 인프라가 거의 갖춰지지 않았습니다.

인구는 많은데 실업율이 높아 도대체 국민들이 어떻게 생활할지 궁금할 정도였습니다. 하루에 한 끼를 먹지 못해 죽어가는 사람들도 많았는데 주식은 '부까리' 라고 하는 옥수수 가루로 만든 흰 떡같은 음식이었습니다. 대학을 졸업해도 월급이 100불에서 200불 정도이니 전체 국민들이 얼마나 가난

세 시간 동안 계속된 찬양으로 충만한 모습들

한지를 상상하실 수 있을 것입니다. 반면에 중국인 근로자들
은 월 1000-1500불을 받는다고 합니다.

　그럼에도 불구하고 루붐바시 교회의 성도들은 우리가 이해
하기 어려운 놀라운 기쁨과 소망을 간직하고 있었습니다. 집
회 전후로 각 교회에서 나와 찬양을 하는데 스와힐리 언어로
수많은 찬양들을 온 몸과 마음으로 그리고 여러 사람들이 하
나되어 조화롭게 성령 충만한 찬양을 하는 모습을 보면서 저
는 큰 감동을 받았습니다. 매일 집회 마지막에 함께 간절히 통
성으로 기도하는데 저는 이렇게 간절하게 기도하는 성도들을

만나본 적이 없을 정도였습니다. 마지막 집회 시간에 새하늘과 새 땅 그리고 새 예루살렘과 영원한 축복에 대해 나눈 후 함께 기도하는데 마치 오순절 성령이 임한 것 같은 느낌이 들 정도였습니다. 뜨거운 기도와 함께 눈물과 감사의 찬양이 한 시간 내내 계속되었습니다. 마치 평양 대부흥의 현장에 와 있는 착각이 들 정도였습니다. 8월 18일 드린 예배는 새로운 네명의 목사님들을 임직하는 연합 예배로 드렸는데 아침 9시에 시작해서 오후 2시 반에 끝났습니다. 거의 세 시간 동안 각 교회별로 나와 찬양과 악기 연주 그리고 춤으로 주님을 찬양하는데 얼마나 큰 소리로 정열적으로 하는지 배고픈 것도 전혀 느끼지 못하고 성령으로 충만한 모습이었습니다. (앞페이지 사진)

지구 상에서 가장 못사는 나라 중 하나, 인간적으로 도저히 소망이 보이지 않는 곳이지만 이곳에도 여전히 하나님의 나라는 살아 역사하고 있음을 보면서 복음의 능력을 새롭게 깨닫습니다. 이 세상을 바라보면 절망할 수 밖에 없지만 하늘 나라의 소망 가운데 믿음으로 찬양하며 자신의 삶의 패러다임을 바꾸어 천국 시민으로 살아가려는 이 분들께 약간의 물질적인 도움을 드리긴 했지만 제가 더 큰 은혜를 받고 돌아오게 되었습니다. 앞으로 몇십년 후 이분들이 오히려 복음을 땅끝까지 전하는 축복의 통로가 될 것을 믿어 의심치 않습니다.

잃어버린 승천일
Ascension Day Lost

　　교회력 중 성령강림절 이전의 10일째 되는 날(목요일)은
예수님의 승천일(Ascension Day)이라고 불리는 절기입니다.
유럽의 대부분의 국가들이 이날을 국경일로 지키며 많은 교
회에서는 기념 예배를 드립니다. 그러나 한국에서는 이 날이
목요일이기 때문에 그런지 대부분의 교회들이 이 날을 그냥
지나쳐 버리는 것 같아 안타깝습니다. 하루 전인 수요예배나
그 전후 주일에도 승천에 대해 설교하는 교회는 매우 드문 것
같습니다.

　　하지만 예수님의 승천은 구속사에서 매우 중요한 의미를
가집니다. 예수님의 사역은 빌립보서 2장에 나타난 것처럼

'낮아지심과 높아지심' 두 가지입니다. '낮아지심'은 하늘 보좌 영광을 버리시고 인간의 몸을 입고 이 땅에 오시되 섬기는 자로 자신을 낮추시며 마침내 십자가에 피 흘려 죽으신 것을 뜻합니다. 반면 '높아지심'은 사흘 만에 부활하시고 40일간 이 땅에 계시다가 승천하셔서 하나님 보좌 우편에 앉아 우리를 위해 기도하시다가, 다시 심판주로 이 땅에 오셔서 하나님 나라를 완성하시고 모든 악한 무리들을 심판하시는 것을 의미합니다.

구약 성경을 보면 예수님의 승천을 예표하는 두 명이 나오는데 에녹과 엘리야입니다. 두 사람은 모두 예수님의 예표입니다. 주목할 것은 이 땅에 무덤을 남기지 않았던 모세와 엘리야가 예수님께서 변화산에서 변형되셨을 때 예수님의 좌우편에 나타난 사건입니다. 마치 부활하셔서 승천하시는 영광스러운 주님의 모습을 지치고 피곤한 제자들에게 미리 보여 주시며 장차 십자가에 돌아가실 것을 모세와 엘리야와 함께 말씀하셨지요. 또한 승천에 관한 예언이 구약에 이미 나오는데 시편 47:5과 68:18입니다. 이 말씀의 성취는 요한계시록 21장에서 봅니다. 신약 여러 곳에도 예수님의 승천에 관한 기록을 찾아볼 수 있는데 먼저 예수님께서 예언하신 말씀이 요한복음 6:62와 20:17에 나옵니다.

이를 요약해 볼 때 예수님께서 승천하신 목적을 여섯 가지
로 생각해 볼 수 있습니다. 첫째 성령을 보내시기 위함이며
(요한복음 14:18-19; 16:7, 14; 사도행전 1:5; 2:33) 둘째 우리의
거처를 예비하기 위함이고 (요한복음 14:2) 셋째 우리의 죄 사
함을 얻게 하신 후 만왕의 왕과 주가 되기 위함입니다. (사도
행전 5:31) 넷째 만물을 충만케 하시려는 것이고 (에베소서
4:10) 다섯째 대제사장으로서 우리를 위해 중보 기도를 드리
시기 위함이며 (요한복음 14:12; 17:1; 로마서 8:34; 히브리서

4:14-15; 7:24, 25; 9:24) 마지막으로 하나님 보좌 우편에 앉기 위함입니다. (베드로전서 3:22) 나아가 누가복음 24:50에는 주님 승천하실 때 손을 들어 제자들을 축복하셨다고 말합니다. 따라서 예수님의 부활과 승천을 목격한 제자들은 더 이상 두려움과 좌절에 빠지지 않고 오히려 주님의 약속을 붙잡고 함께 마음을 같이하여, 전심으로 기도에 힘쓰며 성령의 강림을 기다렸습니다. 또한 누가복음 24:52-53에 보면 그들은 큰 기쁨으로 예루살렘에 돌아가 늘 성전에 있으면서 하나님을 찬송했다고 말씀합니다.

주님께서 승천하신 후에도 세 번 나타나신 적이 있는데 첫째 스데반이 순교할 때 (사도행전 7:55) 둘째 다메섹 도상의 사울에게(사도행전 9:3-5; 18:9; 22:17-21) 그리고 밧모섬에 갇혀 있는 사도 요한에게입니다. (요한계시록 1:12-16) 놀라운 사실은 우리도 승천한다는 것입니다. (고린도전서 15:51-52)

끝으로 예수님의 승천이 우리에게 주는 유익 세 가지는 첫째 아담에 의해 닫힌 하늘 나라의 문을 예수님께서 다시 열어 주셔서 우리가 들어갈 수 있게 되었고 둘째 주님께서 지금도 우리를 위해 간구하시기에 우리는 하나님의 보좌 앞에 언제든지 담대히 나아갈 수 있으며 마지막으로 사탄을 사로잡고 우리에게 각종 성령의 은사를 주셨다는 것입니다. (에베소서

4:8)

　　과학이 극도로 발달한 이 때 승천을 믿는 것은 이상하게 보일 것입니다. 그러나 이것은 또 하나의 영적인 패러다임 쉬프트입니다. 우리의 궁극적인 소망이 주님을 다시 만나는 것이라면 주님께서 승천하신 사건을 기념하며 그 구속 사역을 더 깊이 묵상하면서 우리의 신앙을 재확인하고 서로 말씀으로 격려하고 우리 또한 장차 승천할 소망과 특권을 주신 주님께 감사 드리며 담대히 복음을 증거하는 삶을 살아 이 절기의 의미가 새롭게 회복될 수 있기를 기대합니다.

스위스와 네팔
Switzerland and Nepal

지난 2014년 4월에 네팔을 방문한 적이 있습니다. 그곳에서 교육 사역을 하시는 선교사님의 초청으로 신학생들과 기독교사들에게 기독교 세계관을 강의하기 위해서였습니다. 수도인 카드만두와 인근 지역을 잠시 둘러 보면서 제일 먼저든 생각은 스위스와 한번 비교해보면 좋겠다는 생각이 들었습니다.

먼저 두 나라 모두 공통점은 산악국가이며 바다가 없다는 것입니다. 스위스는 알프스로 네팔은 히말라야로 유명합니다. 세계적인 등반가들이 두 나라를 찾으며 스위스는 스키로도 유명합니다.

그런데 좀더 자세히 비교해 보면 차이가 큽니다. 먼저 자연환경을 보면 스위스의 면적은 41,285제곱킬로미터이지만 네팔의 면적은 147,181제곱킬로미터로 네팔이 세 배 이상 큽니다. 인구는 스위스가 2012년에 800만명이지만 네팔은 2008년 추정 2950만명으로 네팔이 약 3.5배이상입니다. 인구밀도는 스위스가 제곱 킬로미터당 188명이고 네팔도 180명으로 거의 비슷합니다.

하지만 경제규모를 보면 큰 차이가 있습니다. 스위스는 전체 GDP가 2012년 통계로 약 3,694억불로 세계 35위이지만 네팔은 412억불로 세계 96위입니다. 개인소득도 스위스는 45,418불로 세계 8위지만 네팔은 1,315불로 세계 177위입니다. 실로 엄청난 차이가 아닐 수 없습니다.

스위스는 안정되고 번영을 구가하는 하이테크 경제로 부를 누리고 있으며 가장 잘사는 나라 중 하나이지만 네팔은 최근 성장을 하고 있기는 하지만 정치적 불안정으로 국민 대다수가 매우 가난한 나라입니다. 스위스는 작은 면적과 적은 인구에도 불구하고 세계 19위의 경제 규모를 자랑하지만 네팔은 지금도 스위스를 포함한 여러 나라들의 도움을 받지 않으면 안 되는 나라입니다.

나아가 스위스는 경제적인 면에서 가장 경쟁력이 강한 나

라인 동시에 유럽연합에서도 가장 이노베이션이 강한 국가로
알려져 있습니다. 반면에 네팔은 인프라가 취약하여 관광 및
농업에 의존하고 있습니다.

그렇다면 무엇이 이 두 나라를 이렇게 다르게 만들었을까
요? 저는 결국 이 두 나라의 정신적, 영적 기반이 무엇인지 살
펴보지 않을 수 없다고 생각합니다. 스위스 건설의 배경에는
기독교의 역할을 빼놓을 수 없습니다. 특히 16세기에 장 칼뱅
(Jean Calvin)이 제네바를 중심으로 종교개혁을 하면서 프랑
스의 개신교도들이 스위스로 왔는데 그들이 가장 정밀한 시
계산업과 철저한 신용을 바탕으로 한 금융산업을 세계 최고
수준으로 발전시킨 동시에 기독교적 세계관에 기초하여 험한

http://upload.wikimedia.org/wikipedia/commons/b/ba/ManasluCircuit3.jpg

알프스 산악지역을 개발하여 톱니바퀴 기차 등으로 세계적인 관광국가로 발전시킨 것입니다. (앞 페이지 사진)

반면에 네팔은 힌두교와 불교 등의 영향으로 체념적인 세계관이 지배적이어서 가장 기본적인 도로망이나 기차 등 인프라가 매우 취약하며 가난을 벗어나기가 어려움을 볼 수 있습니다. (위의 사진) 만약 이 네팔이 스위스 국민들의 세계관과 패러다임 쉬프트를 일찍 배웠다면 어쩌면 스위스보다 더 국제경쟁력이 강한 선진국을 만들 수 있었을지도 모릅니다. 개발 도상국들을 도울 때 우리가 궁극적으로 생각해야 할 부분은 결국 이러한 세계관임을 알 수 있습니다.

엘프스테덴또흐트
Elfstedentocht

지난 2014년 소치 동계 올림픽을 통해 배울 여러가지 교훈이 있지만 저는 특별히 스피드 스케이팅을 휩쓴 작은 나라 네덜란드에 대해 생각해보고자 합니다. 네덜란드는 최종순위 5위로 6위인 독일보다 앞섰는데 전체 메달 24개 중 스피드 스케이팅만 금8개, 은7개, 동8개 등 총 23개에 달합니다. 특히 스피드스케이팅 남자 500m 부문과 5000m 및 1만m를 비롯해 여자 1500m부문에서 금·은·동 모두를 획득했으며 스피드스케이팅 팀추월 경기에서도 남자 대표팀에 이어 여자 대표팀 역시 금메달을 목에 걸었습니다. 스피드스케이팅(개인 10종목-팀 2종목)에서 나라별 최대 메달 획득 가능 개수가 32개인 걸 고려한다면 엄청난 숫자이며 확률로 따지면 무려 71.9%에 이릅니다. 금메달을 놓친 종목은 남자 1500m 및 여자 500m · 1000m · 5000m 등 4개였지만 네덜란드는 금메달은 놓쳤던 이들 종목에서도 은메달 혹은 동메달을 따 스피드 스케이팅에서 메달을 따내지 못한 종목이 하나도 없습니다. 한국보다 작은 이 나라가 이번에 이렇게 많은 메달을 따면서 주목을 받았는데 거기에는 이런 배경이 있기 때문입니다.

국토의 대부분이 해수면보다 낮아 그 이름도 네덜란드(Nederland: 낮은 땅)인 이곳에는 수많은 운하가 전국으로 연결되어 있습니다. 이렇게 하지 않으면 물을 제대로 통제할 수 없기 때문입니다. 게다가 일년 중 자주 날씨가 좋지 않고 특히 추운 겨울이 되면 해가 짧고 바람도 매서워 많은 사람들이 따뜻하고 해가 많은 남쪽으로 휴가를 떠납니다. 하지만 그런 가운데도 이러한 상황을 극복하려는 패러다임 쉬프트로 유명한 대회가 있는데 그것이 바로 엘프스테덴또흐트 (Elfstedentocht : www.elfstedentocht.nl)란 대회입니다. 이 대회는 네덜란드의 최북단 프리슬란드 (Friesland) 주의 강과 운하를 통해 11개의 역사적인 도시들(레우바르든 Leeuwarden, 스네이크 Sneek, 에일스트IJlst, 슬로튼Sloten, 스타포렌Stavoren, 힌들로쁜 Hindeloopen, 보르꿈 Workum, 볼스바르드Bolsward, 할

링언 Harlingen, 프라너꺼 Franeker, 도꿈 Dokkum, 그리고 다시 레우바르든으로 돌아옴)을 일주하는 스피드 스케이팅 대회입니다. '엘프'란 네덜란드어로 11개, '스테덴'이란 도시들 그리고 '또흐트'는 투어를 뜻합니다. (왼쪽 그림) 운하가 꽁꽁 얼어붙는 일은 드물기

http://upload.wikimedia.org/wikipedia/commons/5/5a/Elfstedentocht-Plaatsnamen.png?uselang=ko

때문에 매우 드물게 열리는 대회로서 모든 구간의 얼음이 15cm이상 얼었을때에만 48시간 이전에 공지하여 열립니다. 전체 길이는 약 200 킬로미터로 운하와 강 그리고 호스를 가로지르는데 스피스 스케이팅 선수들이 보통 약 300명 그리고 일반 스케이터들 약 16,000명이 참가합니다. (다음 페이지 사진)

1909년에 처음 열린 후 비교적 최근에 열린 대회는 1985년과 1986년 그리고 1997년입니다. 참가자들은 모두 11개 프리스랜드 도시들 협회의 회원들이어야 하며 출발 허가증을 소지한 후 각 도시를 돌 때마다 스탬프를 찍어야 하고 세 군데의 비밀 체크 포인트에서도 스탬프를 받아야 하며 보통 새벽에 출발하여 하루 종일 도는데 당일 자정 이전에 코스를 끝내야

http://upload.wikimedia.org/wikipedia/commons/thumb/3/36/Toertocht_weissen
see.jpg/800px-Toertocht_weissensee.jpg

합니다. 이 코스를 완주한 선수는 그야말로 국민적인 영웅이
됩니다.

　추운 겨울, 거센 바람 등 악조건을 오히려 훈련의 기회로
당당히 맞서 체력을 키우며 과학적인 트레이닝과 전 국민적
인 스포츠 환경 조성을 통해 올림픽에서 스포츠 열강들 속에
서도 당당히 어깨를 겨눌 수 있었던 것입니다. 환난과 역경은
극복하기 위해 있으며 그것을 뛰어 넘을 때 오히려 영광스러
운 미래가 있음을 다시금 깨닫게 됩니다. (여호수아 1장)

PART 03

세상을 바꾼다

Why not change the world?

교회에서 시작된 혁명
Revolution which came from the Church

매년 10월 3일은 한국에서 개천절로 공휴일이지만 독일에서는 이 날이 '통일기념일(Tag der Deutschen Einheit)'로 국경일입니다. 2013년 필자가 섬기는 한동대학교에서는 통일과 평화 연구소가 새롭게 출범했는데 한반도의 화해와 평화, 그리고 통일을 위해 기도하며 노력하는 단체로 다양한 활동을 하게 됩니다. 그 첫 행사로 컨퍼런스를 개최하기로 하였는데 저는 독일의 평화 통일에 관해 발표하였습니다. 이러한 주제에 대해 가장 중요한 분은 그 누구보다도 구 동독 라이프찌히(Leibzig)에 있는 니콜라이 교회(Nikolaikirche, 71페이지 사진)를 섬기신 크리스치안 퓌러 (Christian Führer, 72페이지 사진) 목사님이실 것입니다.

이 분은 1943년 라이프찌히의 한 목회자 가정에서 태어나 신학을 공부한 후 목회자가 되어 1980년에 니콜라이 교회 담임 목사로 부임하게 됩니다. 1982년 9월 20일부터 "평화 기도회 (Friedensgebete)"를 매주 월요일 시작하게 되는데 이것은 개신교 청년들의 연합 사역으로 동독 정부와 냉전에 대한 일종의 저항 운동이었습니다. 1987년에 퓌러 목사님은 평화 대행진도 주관했으며 1988년 2월 19일에는 "동독에서의 삶과 체류 (Leben und Bleiben in der DDR)"에 대해 강연을 하였는데 많은 저항인사들이 참여하여 동독 호네커 정권에 대한 저항의 시발점이 되었습니다. 동시에 월요 평화기도회도 계속되었는데 이 분은 예수님의 산상 수훈을 본문으로 계속해서 평화에 관한 메시지를 전했습니다.

1989년의 처음 몇 달 동안 동독 정권은 이 기도회를 점점 더 억압하면서 중단시키려 했습니다. 도로를 차단하고 교회 주변의 수상한 사람들을 무작위로 체포하기도 하였습니다. 그러나 그것은 모두 실패로 끝났고 월요 기도회에는 점점 더 많은 사람들이 참여하기 시작했습니다. 그해 10월 9일, 8천명의 동독 군인들과 경찰병력이 교회 앞에 집결하였습니다. 기도회가 마칠 무렵 하나의 선언문이 낭독되었는데 모든 참가

자들이 전혀 폭력을 사용하지 말고 평화를 지키자는 내용이
었습니다. 이어서 시작된 시위에는 7만여명의 시민이 참여하
였는데 너무나 평화롭게 진행되었습니다. 모든 폭력 상황에
완벽하게 준비했던 군인과 경찰들은 이 평화적인 시위에 대
해서는 완전히 무기력했던 것입니다. '비폭력(Keine Gewalt,
no violence)'을 외치며 시위하던 군중들은 11월 6일, 40만 명
으로 늘어났고 민주적 변화를 촉구하며 동독 전역으로 퍼진
이 혁명은 끝까지 평화롭게 진행되어 "우리가 주인이다(Wir

http://upload.wikimedia.org/wikipedia/commons/thumb/6/6a/
Christian_Fuehrer.jpg/800px-Christian_Fuehrer.jpg

sind das Volk. We are the people.). 우리는 하나의 국민이다
(Wir sind ein Volk. We are one people.)"를 외치며 통일된
독일 지도를 들고 행진하던 군중들은 마침내 베를린 철의 장
벽을 무너뜨리며 피한방울 흘리지 않고 독일의 통일을 이루
어낸 것입니다.

그 누구도 독일이 이렇게 통일될 것이라고 예측한 사람은
없었습니다. 그러나 끝까지 포기하지 않고 기도하며 성경적
인 방법으로 헌신했을 때 주님께서는 독일에 이 놀라운 축복
을 허락하신 것입니다. 1989년 이후 퓌러 목사님은 실직자들

을 돕기 시작하였고 그 이후에도 평화 기도회를 계속해서 주관하시다가 2008년 3월 30일 마지막 예배를 인도하신 후 은퇴하셨습니다. 2010년에 이 분은 "Und wir sind dabei gewesen: Die Revolution, die aus der Kirche kam (그리고 우리는 거기에 있었다: 교회에서 시작된 혁명)"이라는 자서전을 출판하였습니다. 이 책은 최근 제가 한국어로 가장 먼저 번역하여 2015년 6월에 출판할 예정입니다. 그 후 지난 2014년 6월말 퓌러 목사님은 일년 먼저 천국으로 가신 사모님을 따라 주님의 부르심을 받았습니다.

그 이름의 의미처럼 진정한 그리스도인이며 영적 리더(Führer)로서 끝까지 낙망하지 않고 온전히 기도와 평화에 헌신함으로 철의 장막을 여리고성처럼 무너뜨린 이 분을 보면서 우리 한반도에도 이러한 영적 리더를 허락해 주시길 간구합니다. (누가복음 18:1-9)

로번섬과 밧모섬
Robben Island and Patmos Island

　지난 2013년 12월 전세계의 지도자들이 남아프리카에 모였습니다. 남아공의 영웅 넬슨 만델라의 장례식에 참석하기 위함이었습니다. 역사상 가장 많은 VIP들이 모였다는 것은 그만큼 만델라의 영향력이 얼마나 큰지를 단적으로 보여주는 사건이었습니다.

　하지만 만델라가 지금의 만델라가 되기까지 그는 남아공 서부 해안의 작은 섬 로번섬(Robben Island)의 작은 감옥(76페이지 사진)에서 18년간이라는 인고의 세월을 보내어야만 했습니다. 그를 기념한 영화 Invictus에 보면 당시 남아공 럭비 국가대표 선수 겸 주장이었던 프랑소와 피나르가 이 섬에 들어가 만델라가 머물렀던 감방에 들어가 보는 장면이 있습니다. 그 작은 감방에서 그리고 그 작은 섬에서 만델라는 오랜 시간 채석일을 하면서 연단의 시간을 보내어야만 했고 그 시간을 통해 그는 자신도 다듬어지면서 위대한 세계적인 지도자로 거듭나게 되었던 것입니다.

나아가 이 작은 섬 로번 아일랜드는 저로 하여금 또 다른 작은 섬을 기억나게 합니다. 바로 초대 교회 사도 요한이 머물렀던 밧모섬입니다. 전승에 의하면 그는 에베소에서 핍박을 받아 끓는 기름가마솥에 던져졌으나 죽지 않자 놀란 로마 군인들이 그를 다시 꺼내어 밧모섬으로 유배를 보내었습니다. 그곳에서 90이 넘은 노구의 몸으로 다른 젊은 죄수들과 함께 채석의 노동을 한다는 것은 사도 요한에게 너무나 큰 고통이었을 것입니다. 그래서 그는 아마도 주님께 자신의 생명을 거두어 달라고 기도했을 지도 모릅니다.

하지만 그곳에 놀라운 기적이 일어났다고 교회의 전승은 전해줍니다. 바람이 세게 불고 혹독한 노동에 지친 노예들이 쓰러져 죽어갈 때 사도 요한이 안수하자 다시 나았던 것입니다. 그것을 본 로마의 사령관인 백부장 아들이 중병에 걸렸는데 이 노사도를 자기 집에 초대하여 기도를 부탁하자 그 아들이 온전히 회복되었다는 것입니다. 그 후 이 로마의 사령관은

upload.wikimedia.org/wikipedi
a/commons/thumb/3/30/Nelso
n_Mandela%27s_cell-Robben
_Island.jpg/640px-Nelson
_Mandela%27s_cell-Robben
_Island.jpg

사도 요한을 그 섬에서 가장 안전한 굴 속으로 편안히 모시고 한 젊은이로 하여금 돌보도록 배려하게 됩니다. 그 이후로부터 사도 요한은 기도에 전념하였고 어느 주일 이른 아침에 그는 하나님께서 보여주신 놀라운 비전을 보았으며 그것을 기록하게 된 것이 바로 세상의 종말과 하나님 나라의 완성을 보여주는 요한계시록인 것입니다. (요한계시록 1장) 그가 머물렀던 곳은 이제 유명한 관광지가 되어 있습니다. (77페이지 사진)

우리의 삶에도 로번섬이나 밧모섬이 있을 수 있습니다. 언제 그 험난한 연단의 시간이 끝날지 아무도 모르는 사망의 음침한 골짜기일지라도 주님의 시간이 차고 우리가 낙심치 않고 인내하면서 끝까지 잘 감당한다면 이 섬은 오히려 축복의 통로가 되어 우리로 하여금 주님의 귀한 뜻을 이루며 세상을 변화시키는 도구로 쓰여질 것입니다. (시편 23; 로마서 8:28)

upload.wikimedia.org/wikipedia/commons/a/a5/Chora-of-
Patmos.JPG?uselang=ko

GEM
Global Engagement and Mobilization

제가 섬기는 한동대학교에는 GEM이라고 하는 특별한 프로젝트가 있었습니다. 이것은 Global Engagement and Mobilization의 약자이며 한글로는 '글로벌 전공봉사활동 지원 사업'이라고 부릅니다. 이 프로젝트는 지난 4년간(2009-2013) 정부에서 학부교육 선진화를 위해 선별된 대학에 지원한 사업(ACE: Advancement for College Education) 중 최고의 프로젝트로 선정되었습니다. 그렇다면 이 프로젝트는 구체적으로 어떤 내용을 포함하고 있을까요?

이것은 전공지식을 활용하여 해외의 사회적 약자를 섬기는 일에 참여함으로써, 타문화의 이해, 실제 문제 해결능력, 팀스

킬, 국제적 협동능력을 배양하고 전공과 신앙의 통합, 교양과 전공의 융합 등 영성-인성-지성의 전인적 교육을 실현하기 위하여 전공 또는 연계 지식을 활용하는 해외봉사/연구활동 과제 중 우수과제를 선정, 지원하는 사업입니다.

지금까지 인도, 탄자니아, 차드, 말라위, 중국 등지에서 다양한 프로젝트를 진행해왔는데 저희 팀은 이번에 콩고의 루붐바시에 있는 기독교 대학에서 두 프로젝트를 동시에 진행하였습니다. 첫번째는 약 3000명 가까이 되는 루붐바시 기독대학(Universite Protestant de Lubumbashi 아래 80페이지 왼쪽 대학 로고 참조)의 컴퓨터 네트워킹이 가능하도록 하는 케이블망 연결과 학내 교무행정처리를 위한 소프트웨어를 개발하는 팀이며 두번째는 기업가 정신 (entrepreneurship)을 훈련하는 팀으로 현지 학생들을 대상으로 실시하여 매우 긍정적인 호응을 받았습니다. 특별히 첫번째 팀에는 이 대학 출신으로 한동대 장학생으로 와서 공부했던 콩고 학생이 참여하여 훨씬 효과적으로 일할 수 있었으며 두번째 팀에는 콩고 킨샤사에서 자란 MK(한인선교사 자녀)가 있어 불어권인 이곳에서 언어의 어려움이 없이 프로젝트를 진행할 수 있어 감사했습니다.

나아가 저는 기독교 세계관을 특강으로 600명이 들어가는

강당에서 섬겼고(오른쪽 사진) 함께 가신 컴퓨터공학 전공 교수님께서도 특별 세미나로 섬겨 주셨으며 한동대 다큐멘터리 팀이 함께 하여 이 프로젝트 전체를 촬영함으로써 홍보를 보다 효과적으로 할 수 있게 되었습니다. 저는 이 사역을 진행하면서 기존의 교회들이 지금까지 추진하던 비교적 단순한 단기 선교사역에서 한단계 더 발전하여 학생들이 전공 지식을 활용하면서 저개발국가들을 섬김으로 '온전한 복음을 전하는 총체적 선교(sharing the whole gospel as the whole mission)'로 새로운 패러다임이 될 수 있다고 생각합니다.

사도 요한은 계시록 21장에서 하늘에서 내려오는 새 예루살렘은 여러 보석(gem)들로 단장했다고 말합니다. 그것은 아마도 우리가 이 땅에서 하나님의 나라를 위해 섬긴 모든 사역들이 마침내 아름답고 귀한 모습으로 주님 앞에 인정받는다는 의미라고 생각하며 따라서 이러한 총체적 사역은 가장 진정한 의미에서 세상을 변화시키며 주님께서 우리에게 주신 축복을 필요한 분들에게 흘려 보내는 통로가 될 것입니다.

Amy Carmichael College
애미 카마이클 칼리지

제가 섬기는 한동대학교에는 RC(Residential College)가 있습니다. 대부분 기숙사 생활을 하는 학생들을 좀더 효과적으로 섬기며 지도하기 위해 작은 단위로 나누어 여러 교수님들께서 함께 수고하시는데 제가 속한 곳은 세계 여러 나라에서 온 학생들과 외국에서 살다 온 한국 학생들이 모여 있습니다. 각 RC마다 이름이 있는데 그 중에는 예수원의 대천덕 신부님을 기리기 위한 토레이 칼리지 (Torrey College), 네덜란드의 영적 거장인 아브라함 카이퍼를 기념하는 카이퍼 칼리지 (Kuyper College), 그리고 한국의 위대한 성자 의사인 장기려 박사님을 기리는 장기려 칼리지 등이 있습니다. 이번에 제가 섬기는 RC는 여러 추천과 투표를 통해 애미 카마이클 칼리지(Amy Carmichael College)로 결정되었습니다. 그렇다면 이 애미 윌슨 카마이클(Amy Wilson Carmichael)은 누구일까요?

애미는 1867년 아일랜드에서 태어나 1951년 세상을 떠날 때까지 평생 인도에서 사역한 여선교사입니다. (85페이지 사진 참조) 그녀는 인도의 남부인 도나푸어(Dohnavur)지역에서 고아원을 세워 55년간 사역했습니다. 그녀는 어릴 때 갈색 눈보다 파란색 눈을 가지고 싶어했습니다. 그래서 주님께 그렇게 기도 드렸는데 그것이 이루어지지 않자 실망했다고 합니다. 하지만 나중에 인도에서 사역하면서 인도인들이 모두 갈색 눈이어서 만약 자신이 파란색 눈을 가졌다면 훨씬 힘들었을 것이라고 회고합니다.

애미의 아버지는 그녀가 18세가 되던 해에 돌아가셨는데 벨파스트(Belfast)에서 웰컴 복음 교회(Welcome Evangelical Church)를 설립하신 분입니다. 여기서 그녀는 주일학교 사역을 시작했는데 점점 부흥하여 나중에는 500명을 수용할 건물이 필요할 정도가 되었습니다. 그 때 한 광고에 500파운드면 철골구조로 500명을 수용할 건물을 지을 수 있다는 것을 보았고 마침 한 여성이 500파운드를 헌금하여 "웰컴 홀(Welcome Hall)"의 시초가 된 것입니다. 그 후 1889년 애미는 맨체스터

(Manchester)에 있는 방앗간 소녀들을 돌보게 됩니다.

그 후에 선교사가 되는데 사실 그녀는 선교사역에 적합하지 않을 정도로 건강이 매우 약했습니다. 하지만 1887년 케직 사경회(Keswick Convention)에서 그녀는 중국 내륙 선교회를 창시한 허드슨 테일러(Hudson Taylor)로부터 선교사에 대한 설교를 듣고 선교사로 헌신합니다. 먼저 중국 내륙 선교회에 지원하여 런던에서 훈련을 받았지만 건강이 악화되어 출발이 지연되다가 나중에 교회 선교회(Church Missionary Society)에 들어가게 됩니다. 처음에 그녀는 17개월간 일본을 여행했지만 스리랑카(Sri Lanka)에서 잠시 섬긴 후 인도에 가서 평생을 보내기로 헌신합니다. 그녀를 파송한 단체는 영국 교회의 제나나 선교회(Zenana Mission)였습니다.

당시 힌두교 성전에는 어린 소녀들이 제물로 드려졌으며 사제들이 돈을 벌기 위해 강제로 매춘을 강요했습니다. 애미는 바로 이 어린 소녀들을 구하는 일을 하여 많은 소녀들이 그녀의 사랑에 깊은 감동을 받았습니다. 그 후 애미는 도나푸어 협회(Dohnavur Fellowship)를 설립하여 천여 명의 어린이들이 새로운 미래를 찾을 수 있게 되었습니다. 애미는 인도의 문화를 존중하여 인도식 옷을 입고 자신의 피부도 진한 커피로 염색을 했으며 한 어린이를 구하기 위해 먼 거리도 마다하지

않고 힘든 여행을 감수했습니다. 한 인도 여성이 자신도 선교
사가 되어 싶다고 말하면서 선교사의 삶이란 무엇인가라고
질문했을 때 애미는 이렇게 말했다고 합니다. "선교사의 삶은
단지 죽는 기회입니다. (Missionary life is simply a chance to
die.)" 애미는 여러 시와 책을 저술하였습니다. 1932년 그녀는
심각한 부상을 입게 되어 여생을 힘들게 보내다 83세로 1951
년에 세상을 떠날 때에도 비석을 세우지 말고 어린이들이 그
저 "암마(Amma: 타밀어로 엄마)"라고만 새기게 하면서 "사
랑하지 않고 줄 수는 있지만 주지 않고 사랑할 수는 없습니다.

(One can give without loving, but one cannot love without giving.)"라는 유명한 말을 남겼습니다. 그녀의 영향으로 나중에 우리가 잘 아는 짐 엘리엇(Jim Elliot)과 그녀의 부인 엘리사벳 엘리엇(Elisabeth Elliot)도 선교에 헌신하게 되었다고 합니다. 한 작은 자매의 헌신이 조용하지만 확실하게 세상을 변화시키고 있는 것입니다. 모쪼록 이 애미의 귀한 헌신이 우리 모두에게 귀한 귀감이 되길 빕니다. "너희가 여기 내 형제자매 가운데, 지극히 보잘것없는 사람 하나에게 한 것이 곧 내게 한 것이다." (마태복음 25:40)

칼 마르크스와 예수님의 성의
Karl Marx and Jesus' Holy Robe

　지난 2014년 여름 저는 잠시 트리어(Trier)를 방문한 적이 있습니다. 트리어는 독일의 서쪽 아름다운 모젤 강변에 위치한 작은 도시이지만 로마 제국 시대부터 있던 가장 오래된 도시입니다. 이곳의 대성당(Dom 91페이지 사진)도 독일에서 가장 오래된 예배당으로 1986년부터 유네스코 세계문화유산으로 등재되어있는데 예수님께서 십자가에 달리실 때 입으셨던 옷을 보관하고 있어 유명합니다. 이 성의에 관한 내용은 요한복음 19장 23-24절에 다음과 같이 나타나 있습니다.

　병정들이 예수를 십자가에 못 박은 뒤에, 그의 옷을 가져다가 네 몫으로 나누어서, 한 사람이 한 몫씩 차지하였다. 그리고 속옷은 이음새 없이 위에서 아래까지 통째로 짠 것이므로 그들은 서로 말하기를 "이것은 찢지 말고, 누가 차지할지 제비를 뽑자" 하였다. 이는 '그들이 나의 겉옷을 서로 나누어 가지고, 나의 속옷을 놓고서는 제비를 뽑았다' 하는 성경 말씀(시편 22:18)이 이루어지게 하려는 것이었다. 그러므로 병정들이 이런 일을 하였다."

즉 이 성의의 특징은 위에서 아래까지 통째로 짠 것이며 로마 병정들도 이 옷을 찢지 않았다는 것입니다. 트리어 대성당은 몇 년에 한번씩(1513, 1514, 1515, 1516, 1517, 1524, 1531, 1538, 1545, 1655, 1810, 1844, 1891, 1933, 1959, 1996 그리고 2012년) 이 성의를 공개하는데 그 때는 전 세계에서 수많은 순례자들과 관광객들이 방문합니다. 하지만 동방교회에도 이 성의를 보관하고 있다고 주장하는 교회들이 있으므로 이 말의 진정성은 확인하기 어렵습니다. 나아가 이 성의를 지나치게 신성시하는 것에 대해 루터는 강하게 비판하였고 칼빈도 이것을 우상숭배로 배격했습니다. 심지어 1844년에는 가톨릭 사제였던 요하네스 론게(Johannes Ronge: 1813-1887)도 이같이 비난하다가 파문을 당하자 가톨릭교회에서 분열하여 독일 가톨릭교회 (Deutsch katholischen Kirche)가 세워지는 사건도 있었습니다.

그런데 이 대성당의 가장 앞쪽 높은 곳에 이 예수님의 옷을 보관하고 있는데 거기에 올라가 보니 이런 말씀이 새겨져 있었습니다. "Der Heilige Rock gilt als Zeichen der Einheit der Christen. Jesus Christus, Heiland und Erlöser, erbarme dich über uns und über die ganze Welt. Gedenke deiner Christenheit Und führe zusammen, was getrennt ist." Amen. 이 성의는 그리스도인들의 하나 됨의 상징입니다. "예수 그리스도, 구세주이시며 구속자시여, 저희들과 이 세상을 긍휼히 여기소서. 당신의 기독교회를 생각하시어 분열된 것을 다시 하나되게 인도하소서." 아멘.

다시 말해 예수님의 옷은 하나로 짜였고 나뉘어지지 않아 분열되지 않은 교회를 상징하며 따라서 주님의 몸된 교회도 하나됨을 회복하기 원하는 간구라고 할 수 있겠습니다. 실제로 지난 2012년에 이 성의를 공개하면서 가톨릭교회는 "분열된 것을 다시 회복시켜 주소서(Und führe zusammen, was getrennt ist)"라는 주제를 내걸었습니다. 그러면서 당시 독일의 라인란드 개신교회 총회장이었던 피터 바이어(Peter Beier)목사를 초대하였다고 합니다.

동시에 이 도시는 공산주의의 창시자인 칼 마르크스(Karl Marx: 1818-1883)가 탄생하여 자란 곳이기도 합니다. 그는 유

upload.wikimedia.org/wikipedia/commons/thumb/0/0c/Trier_BW_
2014-06-21_11-11-49.jpg/645px-Trier_BW_2014-06-21_11-11-49.jpg

대인 변호사 가정에서 자라 개신교회에서 세례를 받았으나
나중에 종교는 인민의 아편이라고 하면서 무신론적 유물론을
주장했습니다. 그의 생가는 지금 칼 마르크스 박물관이 되어
있는데 전 세계에서 많은 방문객들이 찾아옵니다. (위 사진)
이 박물관에는 그의 생애와 사상, 출판한 책들과 전세계적인
그의 영향력 등에 관해 자세하고 깊이 있게 보여줍니다. 저는
이 박물관을 둘러보며 많은 것을 배웠지만 동시에 그의 세계
관에 대한 비판적인 관점은 거의 소개되지 않아 아쉬웠습니

upload.wikimedia.org/wikipedia/
commons/thumb/5/53/Trier_Do
m_BW_25.jpg/399px–
Trier_Dom_BW_25.jpg

다. 마르크스는 지금까지의 철학은 세계를 설명하는 것에 그
쳤지만 이제는 이 잘못된 세상을 변화시켜야 한다고 주장하
며 전 세계의 노동자들이여 단결하라(Workers of all lands,
unite!)는 말을 남겼고 이것은 아직도 런던에 있는 그의 묘비
명에 새겨져 있습니다.

예수님의 복음과 마르크스의 사상은 그야말로 인류 역사의
정반대에서 영적인 대립 (antithesis)을 보여 주는 세계관이라
고 할 수 있습니다. 그럼에도 불구하고 저는 양자의 공통점을

한가지 찾을 수 있습니다. 그것은 바로 '단결(unity)' 입니다. 주님을 따르는 무리들도 하나될 때 이 세상에 진정한 영향을 미칠 수 있으며 마르크스도 그것을 바로 알았기에 노동자들의 단결을 강조한 것입니다. 사실 20세기에 공산당원들이 단결했을 때 그들은 전 세계의 3분의 1 이상을 공산화했습니다만 그들이 미처 생각하지 못한 인간의 전적 타락과 영적인 면들로 인해 공산권은 붕괴되었습니다. 하지만 우리 그리스도인들이 분열과 대립을 지양하고 더욱 하나됨을 회복하려고 노력할 때 이 세상을 좀더 올바로 변화시키는 축복의 통로가 될 수 있을 것입니다.

공정 무역
Fair Trade

지난 2013-2014년 겨울, 네덜란드와 벨기에 접경지역에 있는 독일의 아헨(Aachen)지역을 방문하여 주일 예배를 드린 적이 있습니다. 아헨은 신성로마제국 황제였던 카알 5세가 수도로 삼은 곳이어서 나름대로 역사가 깊은 도시입니다. 그곳에서 방문한 독일 개신교회당은 본회퍼(D. Bonhoeffer) 목사님을 기념하여 이름이 본회퍼 교회입니다. 교회당 복도에는 본회퍼 목사님의 사진들과 그의 일생에 대한 자세한 자료들이 전시되어 있어 그 분을 만나는 듯한 감동을 받았습니다. 이곳에 그리 크지 한인 교회 공동체가 있는데 오후에는 한국어로 예배 드리지만(독일어/영어 통역) 오전에는 2세들과 현지

인들을 중심으로 하여 독일어(영어 통역)로 예배를 드립니다.

그런데 제가 관심을 가진 것은 예배당 뒤편에 있는 작은 판매 코너였습니다. (다음 페이지 사진) 한국의 교회당에서는 상상할 수 없는 것으로 예배 후에 성도들이 자유롭게 커피나 차 등 다양한 상품들을 자유롭게 구매할 수 있도록 진열해 놓았습니다. 예배당에서 장사를 하던 사람들에게 분노하시던 주님을 기억하며 처음에는 부정적인 선입관을 가지고 있었으나 좀더 자세히 보니 Gepa라는 상표가 있었는데 이것을 검색해 보았더니 유럽에서 가장 큰 공정 무역회사(Fair Trade Company)로서 (www.gepa.de) "Gesellschaft zur Förderung der Partnerschaft mit der Dritten Welt mbH"의 약자인데 문자적으로는 "제3세계와의 파트너십을 증진시키는 협회("Society for the Promotion of Partnership with the Third World")"라는 의미입니다.

이 단체의 가장 중요한 목표는 경제, 사회 및 생태학적 지속성을 위한 유엔 아젠다 21을 따라 남반구의 생활 및 노동 환경을 개선하는 것입니다. 가령 시중 마켓에서 팔리는 커피 제품들은 어떤 경우 평균 임금에도 미치지 못하는 저임금을 통해 낮은 가격으로 판매되지만 그것은 노동자들의 노동력을 착취하는 것이므로 구매를 가능한 지양하고 가격이 좀더 높

긴 하지만 대부분 유
기농 제품으로 신뢰
할 만하며 투명하고
공정한 무역을 통해
지구촌 공동체의 경
제 정의를 구현하려

는 희년과 샬롬의 정신이 담겨 있다고 말할 수 있습니다.

　이 회사는 다른 단체들과 협력하고 있는데 그 중에는 독일
개신교 발전 봉사회(Evangelischer Entwicklungsdienst (EED):
Evangelical Development Service), 가톨릭 교회의 미세레
오르 감독 복지 단체(Bischöfliches Hilfswerk Misereor der
Katholischen Kirche: *Misereor Episcopal Welfare
Organisation of the Catholic Church*), 독일 개신교회 청
소년 협회(Arbeitsgemeinschaft der Evangelischen Jugend
(aej): *Consortium of the Evangelical Youth*), 독일 가톨릭
청소년 연맹 (Bund der Deutschen Katholischen Jugend
(BDKJ): *Federation of the German Catholic Youth*), 세
계를 위한 빵 (Brot für die Welt: Bread for the world) 등이 있
습니다. 이 중에 첫 번째 단체는 1970년대 한국 전주의 예수
병원 본관을 신축할 때 거액을 지원해 준 기관이기도 하며 마

지막 단체는 북한을 돕기도 합니다. 여기서 볼 수 있는 것은 이런 선한 목적을 위해서는 개신교와 가톨릭이 협력한다는 것입니다.

독일에는 15군데의 센터가 있으며 약 800개 매장이 있고 전 세계적으로는 약 6천개 활동 그룹이 공정 무역을 통해 식료품과 수공예품을 판매합니다. 심지어 이 제품을 판매하는 수퍼마켓과 식품 소매업자도 있습니다. 사업장, 학생회, 컨퍼런스 등에도 도매로 이 제품들이 공급된다고 합니다. 나아가 유럽에서는 유럽 공정 무역 협회(European Fair Trade Association: EFTA), 전 세계적으로는 세계 공정 무역 기구(World Fair

Trade Organization: WFTO)에 등록되어 있다고 합니다. 저는 한국 및 디아스포라 교회가 이런 부분이 취약하다고 봅니다. 하나님의 나라는 공의와 샬롬의 나라입니다. (이사야 32:1; 42:4; 48:18) 물론 이 제품을 반드시 예배당 안에 진열할 필요는 없겠고 교회당내의 카페나 서점 등에 비치해도 좋을 것입니다. 결국 우리도 경제와 무역의 영역에 하나님의 온전한 통치가 임할 수 있도록 작은 일에서 동참해야 할 것입니다.

PART 04

열방을 향한 비전

Vision for the Nations

1장

엘베 강의 기적: 드레스덴의 부활
Miracle of Elbe: Dresden's Resurrection

지난 2014년 겨울 저는 구 동독의 중심 도시인 드레스덴 (Dresden)을 며칠 방문했습니다. 드레스덴이란 말은 원래 '강변 숲에 사는 사람들'이라는 뜻으로 작센 왕조의 예술적이고 호화로웠던 수도로 독일 동부의 엘베 강변에 위치해 있으며 유구한 역사를 지닌 문화, 정치 및 상공업 중심도시입니다. 이곳은 '독일의 피렌체'로 불리며, 특히 엘베 강변의 '브륄의 테라스'는 '유럽의 발코니'라 불릴 만큼 경치가 뛰어납니다. 작센의 지배자 프리드리히 아우구스트 1세(Friedrich August I, 1750-1827)가 만든 보물 저장고인 녹색의 둥근 천장 (Gruenes Gewoelbe)를 비롯해, 국제적인 명성을 가진 젬퍼

오페라하우스, 레지덴츠 궁전, 츠빙어 궁전 등 많은 관광 자원을 지녀 명성이 높아지고 있습니다. (다음 페이지 사진)

그러나 이 도시는 제2차 세계대전 말인 1944년 2월에 연합군의 폭격으로 도시의 90%가 파괴되었습니다. 그 후 전후 복구 과정을 거쳐 동독 핵심 산업도시로 성장했지만, 통일 후 이지역의 제조업체들이 서독 기업과의 경쟁에서 처지면서 3년간 전체 인구의 15%인 7만 여명이 일자리를 잃게 되는 큰 위기를 겪기도 했습니다. 하지만 그 후 전통 제조업 대신 전자공학과 생명공학 등 첨단 산업을 유치·육성하면서 도시의 패러다임을 혁신하였고 몇 년 후 상황은 완전히 바뀌었습니다. 그리하여 지금은 유럽의 실리콘 밸리가 되어 정보통신, 바이오, 나노 테크놀로지 등 첨단 기업들이 입주해 있으며 게다가 노벨상의 산실이라 불리는 막스 플랑크 연구소 등 24개의 초일류 독일 과학기술연구소들도 함께 있어 연구 인력만 15,000명으로 근로자 1000명당 연구원이 31명인, 독일 도시 중 1위로 시너지 효과가 배가되어 성장과 투자를 가속화할 수 있는 최적의 경제 환경이 완비되었으며 산업과 과학을 융합하는데 성공한 대표적인 도시로 꼽히고 있습니다. 그리하여 드레스덴의 GDP는 1995년에 비해 52% 증가했고, 실업률은 8%대로 떨어졌으며 독일 전체가 저출산 문제로 고심하고 있는 가

운데 최근 4년 연속 독일 도시 중 출산율도 1위를 기록하고 있습니다.

나아가 대학 교육에도 집중 투자하였는데 드레스덴 대학은 최근 동독 지역 대학 중에서 처음으로 '독일의 11개 우수대학'에 선정되었으며 드레스덴 공대를 중심으로 운영되는 3개의 산학 클러스터에는 1500여 개 기업이 입주했고, 4만 8000여 명의 직원이 일하고 있습니다. 또한 이 대학에 신설된 국제관계학부(ZIS: Zentrum fuer Internationale Studien)에는 독일의 수재들이 몰리면서 일약 유명해졌으며 제가 직접 방문했던 주립도서관 겸 대학도서관(SLUB: Die Sächsische Landesbibliothek -Staats- und Universitätsbibliothek Dresden)은 그 규모와 설계 그리고 소장도서 면에서 놀라지 않을 수 없을 정도로 탁월한 시설이었습니다.

산업관광명소로는 폭스바겐(Volkswagen) 그룹의 최고급 세단인 페이톤(Phaeton)을 생산하는 공장이 유명한데, 1억 8,700만 유로가 투입되어 2001년에 완공되었으며 7,300여 평의 작업장에는 모두 캐나다산 원목마루가 깔려 있다고 합니다. 생산직 직원들은 흰 가운을 입고 클래식 음악이 나오는 헤드셋을 낀 채 수작업으로 페이톤 및 벤틀리 컨티넨탈의 프레임도 생산하는데 모든 외벽이 유리로 되어 있어 유리공장이라는 별명을 갖고 있습니다.

특별히 드레스덴에서 가장 아름다운 개신교회당인 '성모교회'(Frauenkirche)가 2차 대전 당시 폭격으로 완전히 파괴되었으나 2005년 복원되었으며 그 앞에는 종교개혁을 일으킨 마틴 루터의 동상이 있습니다. 2차 대전 당시 교회는 파괴되었으며 루터의 동상도 땅에 떨어졌으나 다시 회복되었습니다. 눈에 보이는 건물은 무너졌지만 그의 정신은 살아있었던 것입니다.

독일은 2차 대전 후 루르 공업지역을 중심으로 서독이 경제 부흥을 일으키며 '라인(Rhein)강의 기적'을 이루었고 이 서독의 도움으로 한국은 경제개발을 시작하여 '한강의 기적'을 이루었는데 이제 통독된 독일은 드레스덴을 가로지르는

'엘베(Elbe)강의 기적'을 우리에게 보여줍니다. 한반도가 통일되면 북한에도 비록 교회당은 파괴되었으나 신앙이 남아 다시 회복되어 이 드레스덴과 같은 '대동강의 기적'이 일어나길 간구합니다. (에스겔 37장)

라오스를 향한 비전
Vision for Laos

지난 2014년 8월에 저는 라오스에 출장을 다녀왔습니다. 그곳 상공회의소와 국립 라오스대학과 협력하여 ASEM(Asia Europe Meeting) 산하 기관(ASEIC: ASEM SMEs Eco-Innovation Center) 및 한국의 중소기업청에서 후원하는 GEAP(Green Eco-Preneurship Accelerated Program)에 참여하여 강의하기 위함이었습니다. 국립 라오스대학교 캠퍼스에 머물며 라오스 국립대 학생들, 교수님들 및 비지니스맨들을 대하면서 받은 첫 인상은 이 분들이 매우 평화롭다는 생각이었습니다.

라오스는 태국, 중국 등 주변의 강대국 사이에 끼여 있어

바다도 없는 소국입니다. 인구도 700만이 채 되지 않습니다. 수도 비엔티엔에만 머물렀지만 이 도시는 유네스코가 지정한 '슬로우 시티(Slow City)'로 유명합니다. 자동차가 경적을 울리는 일은 결코 없습니다. 도로 사정이 그렇게 좋지 않지만 매우 질서를 잘 지키며 운전을 모두 젠틀하게 하는 모습을 보며 매우 긍정적인 인상을 받았습니다. 한국처럼 끼어들기를 하거나 먼저 가려고 급하게 운전하는 사람을 보지 못했습니다.

사람들도 매우 온순하며 친절했습니다. 문화교류를 하면서 더욱 가까워지는 느낌이 들었습니다. (109페이지 첫번째 사진) 전통적으로 불교 국가인 동시에 지금도 공산당이 지배하기에 그런지도 모른다는 생각이 들었습니다. 날씨도 덥기 때문에 시내의 유명한 불교 사원에 가면 부처님도 더우신지 옆으로 누워 편안히 있는 모습을 볼 수 있습니다.

하지만 이제 이 나라도 서서히 중국과 태국 등지에서 불어오는 자본주의에 눈을 뜨고 있음을 보게 됩니다. 이미 수도의 부동산 가격이 뛰기 시작했고 비즈니스에 눈 뜬 사람들은 재빠르게 움직이고 있습니다. 그 예로 비엔티엔 시내 한 복판에 BMW 매장이 새롭게 들어선 것만 보아도 알 수 있었습니다. 정부도 공해가 심한 중고자동차 수입을 전면 금지하여 대부분의 차들이 비교적 새 차이어서 도심의 분위기에 생동감이

느껴졌습니다. 또한 제조업이 취약한 대신 관광산업에 눈을 떠 전 세계에서 관광객을 유치하기 위해 다양한 노력을 기울이는 것을 볼 수 있습니다.

마르크스 레닌 및 현지 공산당 지도자들의 사진이 붙여져 있는 방에서 매일 아침 팀원들이 모여 경건의 시간을 가지며 이 나라를 위해 기도했습니다. 아직 복음을 알지 못하는 이 나라 백성들이 하루 속히 주님을 영접하여 영적으로 새롭게 부흥하기를 기도했습니다. 놀랍게도 '라오스'라는 말은 신약성경 원어인 그리스어에 '백성, 민족, 무리'를 뜻하는 단어이기 때문입니다. 예수님은 자기 백성(라오스)을 저희 죄에서 구원하실 분(마태복음 1:21)이며 어둠에 앉아 있는 백성(라오스)이 큰 빛을 보았고, 그늘진 죽음의 땅에 앉은 사람들에게 빛이 비치었다(마태복음 4:16)고 말씀하기 때문입니다.

물론 이것은 지나친 관점일 수도 있지만 감사한 것은 한국의 선교사님 및 국내의 어느 교회를 통해 이곳에 '로고스대학'이 인가를 받아 세워졌는데 이 학교 안에서는 성경 및 신학을 가르칠 수 있게 된 것입니다. 이러한 교육 사업은 우리나라가 처음 복음을 받아들이면서 인재를 배출했던 가장 중요한 사역이므로 이 나라에 필요한 귀한 일꾼들이 배출될 수 있기를 기원합니다.

다행히
도 한국과
라오스는
매우 우호
적인 관계
를 유지하
고 있으며
최근 K-POP 열풍이 이곳에
도 불어 많은 학생들이 한국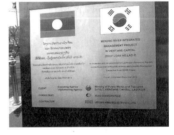
어를 배우는 것에도 관심을
가지고 있고 한국 정부는 최
근 라오스와 태국의 경계인
메콩강변에 제방을 쌓아주고 강변대로를 건설해 주는 등(위
사진) 다양한 협력사업도 진행한 것을 볼 수 있었습니다.

아직까지는 복음의 빛이 희미하지만 언젠가 이곳에서 주
님의 크신 영광이 드러날 수 있도록 함께 기도해 주시기 바랍
니다.

3장

월드컵의 그늘
The Shadow of World Cup

 2014년 6월 13일(금)부터 7월 13일(주일)까지 지구촌은 브라질에서 열린 월드컵에 관심이 쏠렸습니다. 하지만 겉으로 드러나는 화려한 모습 이면에 있는 소외된 이들의 고통 또한 우리가 놓쳐서는 안될 것입니다. 경기장 및 기반 시설 건설을 위해 브라질 정부는 12조원에 육박하는 천문학적 투자를 하였습니다. 그런 면에서 이 월드컵은 역사상 가장 비싼 행사로 비판받는데 가난한 국민들에게 돌아가야 할 복지 혜택은 더욱 줄어들었기 때문입니다. 따라서 월드컵 준비 과정부터 적지 않은 국민들의 반대 시위가 계속되었던 것입니다.

 25만 명의 브라질 국민들은 새로운 경기장 건설과 도로 확

장들으로 자신들의 거주지에서 추방되었고 강제 이주를 당했는데 이들 중 대부분은 빈민촌에 사는 실업자들이며 이들은 제대로 보상받지도 못했습니다. 이 어마어마한 재정을 교육, 보건 및 교통시설을 위해 투자했다면 브라질 사회는 훨씬 더 나아졌을 것이라고 봅니다. 따라서 월드컵은 돈있는 사람들을 위한 행사일 뿐이며 가난한 사람들은 전혀 도움이 되지 않는다는 것입니다.

브라질의 빈부격차는 더욱 심화되고 있습니다. 물가는 천정부지로 치솟았고 세금과 지출도 동시에 급증했습니다. 현재 브라질 국민 2억명 중 4분의 1은 사회보장 혜택에 전적으로 의존하고 있습니다. 이렇게 양극화된 브라질 사회는 단지 재정이 필요할 뿐만 아니라 진정한 화해를 필요로 하고 있습니다. 지난 2014년 5월 "월드컵 반대 국제 대회"에서 수만 명의 시민들은 노동조건 개선과 주택 문제 해결을 요구하며 시위했습니다.

월드컵이 브라질 국내 경제에 가져다줄 1천 1백억 헤알(약 50조원)의 이득도 소수가 차지할 것이 분명합니다. 연간 1억 불(약 1천억2조원)을 벌어들이는 '비영리' 기관 피파(FIFA)는 이번에 역사상 최대 수익인 100억 헤알(약 4조 5천억원)을 벌어들일 것으로 예상하며 코카콜라, 아디다스, 맥도널드와 같

http://sunnewsonline.com/new/wp-content/uploads/2014/02/brazil1.jpg

은 피파의 상업 파트너는 경기장 안팎과 각종 축제에서의 독점 판매권뿐 아니라 2014 월드컵 상표권에 대한 독점계약을 체결하였고 브라질 기업 중에서는 몇몇 대형 건설사 및 후원사만이 높은 수익을 올렸습니다.

이른바 월드컵의 사회적 유산도 대다수의 국민들을 위한 것이 아니었습니다. 버스, 열차, 전철, 공항 등 도심교통 분야에 계획되었던 사업 중 20% 이하만 완공되었으며 1/3은 심지어 백지화되었습니다. 게다가 완공된 경우라도 대부분은 공항과 관련된 사업이어서 사실, 대중교통에 남겨질 혜택은 새로운 것이 전혀 없습니다.

브라질 정부당국과 기업인들은 자신들의 돈벌이와 인권유린에 당위성을 부여하는 도구로 브라질 국민들이 축구를 향해 품은 사랑을 이용했지만 '월드컵을 위한 월드컵'에서는 축구조차도 사라지고 없었다고 비판합니다. 입장권 가격은 천정부지로 솟아올라 최저임금의 세배에 달하는 2천헤알(약 91만원)짜리 표도 등장했습니다. 20억 헤알(약 9천억원)이 치안에 투입되었는데, 그 중 5천 4백만 헤알(약 246억)이 무기구입에 쓰였다고 합니다. 이스라엘과 프랑스의 군인들이 브라질 경찰들을 훈련시켰으며 경기장 주변에 설치된 특별 법원은 형량을 대폭 강화하였고 사회운동은 테러리즘으로 간주되었습니다.

월드컵의 12개 경기장은 피파의 요구사항에 맞춰 신, 개축되면서 많은 노점 상인들이 생업터전을 잃었고, 대기업이 지역 상권을 장악했습니다. 관중석의 좌석크기는 더 줄어들었고 관중들은 '빅 브라더'라는 별칭을 가진 사설 경비 시스템에 노출되어 관중들은 경기장 안에서 한걸음 내딛을 때마다 감시를 받았으며 전통적으로 허용되던 모든 행위들도 금지되었습니다. 가령 푯말이나 드럼, 깃발, 폭죽, 꽃가루, 음식물을 들고 입장하는 것은 물론, 경기장 주변에 흔히 보이곤 하던 핫

도그 스탠드도 금지되어 핫도그를 먹으려면 경기장 안에서 비싼 가격으로 사먹을 수 밖에 없었고 정치적 색채를 띤 메시지나 공식 후원사가 아닌 기업을 홍보하는 내용을 담은 티셔츠나 푯말도 금지되었습니다.

놀이(play)는 하나님께서 이 세상을 창조하시면서 우리에게 주신 소중한 선물입니다. 하지만 이것이 인간의 욕심에 의해 왜곡되면서 재물에 의해 왜곡되는 현상을 우리는 이번 월드컵에서 분명히 봅니다. 이 모든 문제들은 예수 그리스도의 구속과 화해를 통해 희년과 샬롬이 회복될 때 진정한 해결이 가능합니다. 브라질에 진정한 하나님의 나라가 임하여 공의가 강물처럼 흐르도록 기도해야 하겠습니다. (아모스 5:24)

난징(南京)의 복음적 의미
The Evangelical Meaning of Nanjing

　　지난 2014년 10월에 저는 중국 난징에 출장을 다녀왔습니다. 그곳에 있는 한 국제학교에서 교사들과 학생들을 위한 수련회에서 강의를 하고 주일 예배에 메시지를 전해 달라는 부탁을 받았기 때문입니다 중국에는 많은 한국 유학생들이 있지만 초등학교부터 고등학교까지 미션 스쿨로 교육하는 국제학교가 이곳에 있다는 것은 매우 놀라운 사실이었습니다.

　　난징은 중국 장수성의 성도로 상하이에서 서쪽으로 300km 정도 떨어진 곳에 있으며 인구는 약 700만입니다. 지난 여름 제 2회 국제 청소년 올림픽을 개최하면서 공항 및 시가지가 많이 현대화되어 있음을 볼 수 있었습니다. 난징은 제가 독일에서 사역할 때 매우 가깝게 동역하던 독일 목사님 내외분이 9년간 선교사로 섬기던 지역이었기에 더욱 친근감이 가는 도시였습니다.

무엇보다 주목할 사실은 이 난징은 중국에서 가장 기독교와 밀접한 도시라는 것입니다. 우선 이곳에 금릉협화신학원(金陵協和神學院 Nanjing Union Theological Seminary, www.njuts.cn, 다음 페이지 사진)이 있는데 이곳은 중국에 있는 다른 신학대학원들과는 달리 전국에서 신학생들이 지원하여 공부할 수 있는 매우 유서 깊은 신학대학원이었습니다. 최근 한국 교회와도 교제하는 것을 볼 수 있었습니다.

나아가 이 난징에는 중국 성서공회(愛德基金会, The Amity Foundation)가 있습니다. 여기서 최근 1억 2,500만부째 성경이 출판되어 세계 최대라고 합니다. 따라서 앞으로는 중국이 세계 최대 기독교 국가가 될 것이라는 전망도 있습니다. 왜냐하면 중국 당국이 집계한 공식 크리스천은 3000만명이지만 실제 가톨릭 및 개신교 신자 수는 1억명에 이른다고 추산하기 때문입니다. 이는 중국 공산당원(8,670만명)을 넘어서는 규모입니다.

또한 난징은 역사적으로 볼 때 1853년에 기독교적 성격을 가진 태평천국(太平天國)의 지도자 홍수전(洪秀全)이 이곳을

http://upload.wikimedia.org/wikipedia/commons/thumb/5/56/%E9%87%91%E9%
99%B5%E5%8D%8F%E5%92%8C%E7%A5%9E%E5%AD%A6%E9%99%A2%28fli
ckr_5811961638%29.jpg/1024px-%E9%87%91%E9%99%B5%E5%8D%8F%E5%92%
8C%E7%A5%9E%E5%AD%A6%E9%99%A2%28flickr_5811961638%29.jpg

수도로 삼고 천경(天京)이라 하였으며 그 결과 이곳은 동양
최초로 기독교가 가장 발전한 도시였습니다. 그 때문에 당시
청나라 정부로부터 미움을 받기도 했는데 이는 기독교가 기
존 왕조에 대해서 크게 반발하면서 인류 평등과 사회 개혁의
성격이 강했기 때문입니다. 이런 의미에서 난징은 지금도 중
국에서 가장 그리스도인들이 많은 도시로 시내에는 중국 삼
자교회, 한인교회들 그리고 외국인들이 자유롭게 예배드릴

수 있는 국제교회도 있습니다. 동시에 이곳은 중국 국민당의
최고 지도자였던 쑨원(孫文)이 활동했던 곳입니다. 1911년 그
가 주도했던 신해혁명(辛亥革命)의 영향을 받아 난징은 동양
최초로 민주 공화국을 세운 중화민국의 메카이며 수도로서
자유와 혁명의 도시로 거듭나게 됩니다. 그 후 난징은 1928년
장제스(蔣介石)의 국민당 정부의 지원을 받아 세계적으로 유
명하고 잘 사는 도시로 발전했지만 곧 이은 내전에서 공산당
에게 패하였으며, 공산당은 실권을 잡은 후 중화인민공화국
을 세우고 난징의 지위를 크게 떨어뜨렸습니다. 하지만 이곳

에는 지금도 중산릉(中山陵 앞 페이지 사진)이라는 곳에 쑨원의 무덤이 있는데 수많은 중국인들은 이곳을 방문하는 것을 매우 중요시합니다. 복음의 사회 변혁적 능력(transforming power)을 볼 수 있는 부분이라고 생각합니다.

하지만 무엇보다 가장 가슴 아픈 것은 역시 난징 대학살 사건입니다. 일본군의 침공으로 1937년 12월 13일부터 1938년 2월까지 6주간에 걸쳐 약 30만 명의 양민들이 희생당한 것입니다. 이 참사를 잊지 않기 위해 중국 정부는 시내에 큰 규모의 추모관(Nanjing Massacre Memorial Hall, www.nj1937.org)을 건립했습니다. 당시 제가 방문한 시기는 중국 최대의 명절인 국경절 공휴일 기간이라 수많은 인파에 밀렸지만 그들과 함께 들어가 자세히 둘러보았습니다. 특별히 일본 장교 두 사람이 서로 누가 더 많이 참수하는지 시합을 벌인 장면을 보면서 경악을 금할 수 없었습니다. 중국인들에게는 가장 아픈 사건인데 십자가의 주님께서 위로해 주시길 빕니다. 이처럼 난징은 복음과 밀접한 관련이 있는 도시입니다. 이곳에서 시작된 복음의 역사가 중국을 덮고 나아가 전 세계로 뻗어나가 샬롬으로 세상을 변화시키는 축복의 통로가 되길 함께 기도해 주시기 바랍니다.

고속도로 교회당

Autobahnkirche

독일에는 다른 나라에 거의 없는 특별한 예배당이 있습니다. 그것은 바로 고속도로 휴게소에 있는 교회당(Autobahnkirche) 입니다. 물론 유럽의 몇 나라(덴마크, 노르웨이, 스웨덴, 핀란드, 에스토니아, 러시아, 체코, 오스트리아)에도 이 고속도로 교회당이 몇 개있습니다만 가장 많은 곳은 역시 독일입니다. 다른 나라들도 대부분 루터의 영향을 받은 국가 교회들이 있는 곳임을 감안하면 주로 루터 교회가 많은 나라들의 한 공통적 특징이라고 할 수 있습니다.

이러한 교회당을 만든 이유는 여행을 하는 중 누구든지 개인적으로 또는 익명으로 잠시 이 하나님의 집에 들어와 자유롭게 기도하고 묵상하며 영적인 휴식과 회복을 할 수 있도록 하기 위함입니다. 이는 중세 시대부터 있던 하나의 전통인데 길가던 나그네들에게 하나님께서 주시는 경고나 축복의 사인으로 작게 지은 채플이나 기념비 같은 것이 발전한 것입니다. 이런 것들은 지금도 유럽의 여러 곳에서 다양하게 볼 수 있습니다.

이 고속도로 예배당은 하나의 '영적 주유소'라고 할 수 있습니다. 먼 여행에 지치기 쉬운 영혼들이 안식과 재충전을 얻을 수 있는 곳이기 때문입니다. 이것은 사용자들이 남긴 방문 기록을 보면 알 수 있는데 많은 여행자들이 고속으로 달리면서 다른 차를 추월하고 또한 다른 차에게 추월 당하면서 많은 스트레스를 받는다고 합니다. 우리의 삶에도 이와 같은 긴장의 연속이 이어지는데 이 가운데 '수고하고 무거운 짐'을 주님 앞에 잠시 내려놓고 묵상하며 기도하는 것은 매우 필요한 사역이라고 할 수 있습니다. (마 11:28)

또한 이 예배당을 방문하는 것은 고속도로의 교통량을 잠시나마 줄일 수 있어 안전에도 도움을 준다고 합니다. 그래서 이 고속도로 교회당의 홈페이지 제목은 '영혼의 쉼터(Rastplätze für die Seele)'입니다. (www.autobahnkirche.info) 최초로 세워진 고속도로 교회당은 1958년 아우구스부르그 지역에 건립되어 현재 독일에만 42개나 있으며 각각 독특한 디자인으로 방문객들을 따뜻하게 맞이하고 있습니다. 이 예배당들은 대부분 독일 개신교회(EKD)가 세웠으나 일부는 가톨릭 교회에서 세운 곳도 있으며 둘 다 모든 사람들에게 개방되어 있어 누구든지 들어갈 수 있습니다. 어떤 교회당은 일주일에 한번 간단한 예배가 드려지기도 하며 자세한 내용은 웹사이트(www.autobahnkirche.info/veranstaltungen.html)에 있습니다.

가령 다음 페이지에 있는 사진은 힘멜크론에 있는 고속도로 예배당입니다. 내부에 들어가면 조용히 묵상 기도할 수 있는 공간이 있으며 도움이 되는 다양한 소책자들도 있음을 볼 수 있었습니다. 각 예배당에 관해 자세히 설명해 놓은 웹사이트를 보면 건축의 역사, 건축양식, 다양한 상징물에 대한 설명 및 연락처 등에 관해 더 알 수 있으며 대부분 장애인들도 아무런 문제없이 들어갈 수 있습니다.

나아가 여행객들에게 다양한 영적인 도움을 제공하기 위해 독일 개신교회는 아카데미(Die Akademie der Versicherer im Raum der Kirchen)를 설립하여 응급환자들에게도 도움을 줄 뿐 아니라 여러 소책자도 출판하면서 세미나 등 다채로운 행사도 주관하는 것을 볼 수 있습니다. 나아가 이 예배당을 세우

는 것도 분명한 기준이 있습니다. 휴게소에 건립하되 정부의
해당 부서로부터 허가를 받아야 하며 각 교회당은 서로 최소
한 80km이상 떨어져 있어야 하고 주차장 및 위생시설이 구비
되어야 하며 잘 보이는 안내판이 설치되어야 하고 가톨릭 또
는 개신교회의 해당 교구로부터 승인이 있어야 합니다. 그리
고 모든 비용은 주관하는 교회가 감당하고 규모는 최소한 버
스로 여행하는 단체 손님들도 한꺼번에 들어갈 수 있을 정도
는 되어야 합니다.

　　일반적으로 이 예배당은 매일 오전 8시부터 저녁 8시까지

개방되며 일년에 전체적으로 약 백만 명이 방문한다고 합니다. 적지 않은 방문객들이 방문 기록을 남기기도 하며 기도와 함께 촛불을 켜는 경우 경비를 충당하기 위해 헌금을 하기도 합니다. 2007년 설문조사에 의하면 방문객들 중 40%는 교회를 다니지 않는 사람들이었음을 본다면 하나의 간접적인 선교도 될 수 있다고 봅니다.

성경을 보면 구약시대부터 아브라함이나 요셉 등 수많은 사람들은 여행을 했으며 현대인들은 더 많이 그리고 더 빨리 여행하고 있습니다. 우리 모두는 천국을 향한 순례자인데 그 걸음 중간에 이러한 영적 휴식처는 국제 공항에 있는 기도처와 함께 매우 중요하고 필요한 시설이라고 생각됩니다.

북한 장애인의 인권
Human Rights for the Disabled People in North Korea

　최근 북한의 인권문제가 국제 이슈화되고 있습니다. 하지만 더 중요하고 심각한 문제는 북한 장애인의 인권이라고 생각합니다. 왜냐하면 북한의 장애인들이야말로 가장 인권의 사각지대에 놓여 있기 때문입니다. 그렇다고 해서 전혀 개선의 움직임이 없었던 것은 아닙니다. 북한은 지난 2003년 6월, 북한 최초의 장애인 관련 법률인 '장애자 보호법'을 채택하고 장애인의 인격과 사회, 정치적 권리와 자유를 건강한 공민과 똑같이 보장한다고 명시하였습니다. 그 후 2007년에는 조선장애자보호연맹 산하에 조선장애자예술협회를 설립해 장애인 학생들의 성악 및 무용 교육에 투자해왔으며 2009년 4월에는 헌법을 개정하면서 몇 가지 인권 관련 법규도 제정하였습니다. 2012년에는 런던 장애인올림픽에 최초로 선수단을 파견했으며 2013년 7월에는 '유엔장애인권리협약'에도 서명하였고 11월에는 장애인 복지사업을 강화할 목적으로 장애자 보호법을 개정했습니다. 나아가 2014년에는 인천 장애인 아시안게임에도 선수단을 파견하였고 2014년말에는 호주에 북한 농아인 축구대표팀이 호주 농아인 축구대표팀과 친선 경기를 갖는 등 나름대로 장애인 문제에 대해 전향적인 모습을 보이고 있습니다. 하지만 실제적으로 북한의 장애인 인권 상황은 여전히 매우 열악한 것으로 알려져 있으며 이는 여러 탈북자들의 증언들을 통해 알 수 있습니다.

이와 관련하여 제가 섬기는 한동대에서는 미국의 한 연구소와 함께 이 주제에 관해 3년간의 국제학술연구 프로젝트를 시작했으며 지난 2015년 1월초에는 국제 컨퍼런스도 개최하였습니다. (129페이지 포스터 참조) 그 중에서도 제가 맡은 분야는 장애인에 관한 역사적이고도 기독교 세계관적 입장을 정리하고 북한 상황에 적용하는 것입니다. 하나님께서는 모든 인간을 '하나님의 형상(Imago Dei)'을 지닌 귀한 존재로 창조하셨습니다(창세기 1:26-27). 나아가 최초의 인간인 아담과 하와 그리고 천지만물은 하나님 보시기에 매우 좋았기에

(창세기 1:31) 타락 이전까지 이 창조 시대에는 장애인이 없었다고 말할 수 있습니다.

하지만 인간의 타락으로 피조계 전체는 죄의 영향을 받게 되었습니다. 창조의 선한 구조자체가 변형된 것은 아니지만 그 발전 방향이 왜곡되어 나타나기 시작한 것입니다. 그 결과 장애인도 생겨나기 시작했는데 선천적 및 후천적인 장애인이 생겨나기 시작했습니다. 나아가 이러한 장애인들은 열등한 인간이라는 왜곡된 관점이 더 많아지기 시작했습니다. 유대인들 또한 시대적 제한성과 율법적 상황에서 생활하였기 때문에 나름대로 차별적인 장애인관을 가지고 있었습니다. 즉 장애의 발생은 율법을 어긴 죄의 대가나 하나님의 저주의 결과라고 인식하고 있었던 것입니다. 이것은 신약 시대 예수님에게 제자들이 눈먼 사람을 보면서 그가 눈먼 사람으로 태어난 것이 누구의 죄 때문인가라고 물었던 것을 보아도 잘 알 수 있습니다. (요한복음 9:2)

그러나 하나님께서는 장애인들에게 각별한 관심과 사랑을 보이셨는데 (레위기 19:14; 신명기 27:18; 욥기 29:15) 다윗이 지체장애인이었던 므비보셋에게 행한 배려는 이것을 더욱 극적으로 보여줍니다. (사무엘하 9장) 나아가 선지서에는 장애인들에게 소망을 주는 메시지가 잘 나타나 있습니다. 즉 장차 메시아의 탄생으로 하나님의 나라가 도래할 것을 예언하면서, 그 날에 청각 장애인이 듣게 되고, 시각 장애인들의 눈이 보게 되며, 지체 장애인은 기뻐 사슴같이 뛰게 될 것이며 언어 장애인의 혀는 노래할 것이라고 이사야는 예언하고 있습니다. (이사야 29:18, 35:5-6, 42:7) 예레미야도 장차 남은 주님의 백성들이 돌아올 때 그들 중에는 장애인들이 함께 할 것을 예언했습니다. (예레미야 31:8). 또한 시편 기자와 에스겔(시편 146:8; 에스겔 34:16)도 하나님께서 장애인들을 회복하실 것을 예언하고 있습니다. 예수님께서 공생애를 시작하실 때에도 이사야 61장 1-2절의 예언이 성취되었다고 말씀하시면서 실제로 이것을 실행하신 것을 볼 수 있습니다. 즉, 하나님 나라가 현재적으로 임했음을 증명하는 사역으로 모든 종류의 장애인들을 치유하신 것입니다. (요한복음 9:3). 다시 말해 예수께서 장애인들에게 행하신 사역 그 자체가 바로 그 분이 메시아이심을 증명하는 것입니다. (마태복음 11:2-5) 누가복음 14장에도 보면 우리가 구제하거나 잔치를 베풀 때 어떤 대가를 바라거나 값싼 동정에서가 아니라 가장 갚을 것이 없는 가난한 자들과 장애인들을 초대하라고 말씀하십니다. 그러므로 장애인을 섬기는 사역은 그리스도인들의 마땅한 의무요 사명입니다. 장애인을 섬기는 것은 바로 주님을 섬기는 것이기 때문입니다. 나아가 하나님께서는 장애인들을 사랑하시고 치유하실 뿐만 아니라 그들을 귀하게 사용하십니다. 보지도 듣지도 말하지도 못했지만 많은 사람에게 용기를 준 헬렌 켈러(Helen Keller: 1880-1968), 시각장애인이

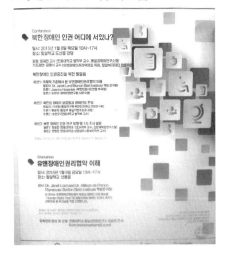

지만 〈실락원(Paradise Lost)〉이라는 불후의 명작을 남긴 영국의 존 밀턴(John Milton: 1608-1674), 또한 보지 못하지만 우리가 즐겨 애창하는 주옥같은 찬송가를 수없이 작사했던 크로스비(Fanny Jane Crosby: 1820-1915) 여사와 현재 전 세계적으로 가장 큰 장애인 사역을 하고 있는 죠니 에릭슨 타다(Joni Ericsson Tada) 그리고 우리나라에도 이에 못지않은 송명희 자매 등이 있습니다.

하나님 나라, 즉 하나님께서 통치하시는 나라에는 더 이상 이러한 장애가 있을 수 없고 영원한 축복만이 있을 것입니다

(요한계시록 21:1-4). 주님께서 다시 오실 때 우리는 하나님께서 예비해 놓으신 이 최상의 세계에 들어가게 될 것입니다.

2015년은 광복 70주년이 되는 해입니다. 이스라엘 백성들이 바벨론 포로에서 돌아와 예루살렘 성전과 성벽을 재건하고 신앙공동체가 회복되는 은총을 누렸듯이 한반도에도 동일한 축복이 임하여 북한의 장애인들도 인간다운 삶을 누릴 수 있는 그 날이 속히 오길 함께 기도해 주시기 바랍니다.

Paradigm Shift
패러다임 쉬프트

■
1판 1쇄 발행 / 2015년 4월 30일
1판 2쇄 발행 / 2015년 6월 1일

■
지은이 / 최 용 준
펴낸이 / 민 병 문
펴낸곳 / 새한기획 출판부

편집처 / 아침향기
편집주간 / 강 신 억

■
100-230 서울 중구 수표동 47-6 천수빌딩 1106호
☏ (02) 2274-7809 • 2272-7809
FAX • (02) 2279-0090
E.mail • saehan21@chollian.net

■
미국사무실 • The Freshdailymanna
2640 Manhattan Ave. Montrose, CA 91020
☏ 818-970-7099
E.mail • freshdailymanna@hotmail.com

■
출판등록번호 / 제 2-1264호
출판등록일 / 1991. 10. 21

값 8,000원

ISBN 978-89-94043-83-8 03230

Printed in Korea